NOUVELLE

MÉTHODE D'ORTHOGRAPHE

GÉNÉRALE,

A L'USAGE DES ÉCOLES PRIMAIRES DES DEUX SEXES.

Cet ouvrage se trouve aussi chez l'auteur, rue Saint-Antoine, 110.

SOUS PRESSE,

Pour paraître prochainement à la même Librairie.

EXERCICES gradués adaptés à la Nouvelle Méthode d'Orthographe.

MÉTHODE pour apprendre facilement la Langue allemande.

Imprimerie Dondey-Dupré, rue Saint-Louis, 46, au Marais.

NOUVELLE

MÉTHODE D'ORTHOGRAPHE

GÉNÉRALE,

A L'USAGE DES ÉCOLES PRIMAIRES DES DEUX SEXES,

PAR

S. GROSS,

PROFESSEUR DE LANGUES MODERNES ET DE GRAMMAIRE GÉNÉRALE.

PARIS.

A LA LIBRAIRIE DE HACHETTE,

RUE PIERRE SARRAZIN, 12.

1845

PRÉFACE.

L'Orthographe est, sans contredit, la partie essentielle de la Grammaire française. C'est aussi celle qui préoccupe l'élève et le maître. Il est rare cependant que, arrivé au terme de ses études, on la possède entièrement. Cela provient sans doute de ce que les règles si variées, qui constituent l'art d'écrire correctement, se trouvent confusément mêlées à celles de la *Grammaire* proprement dite, de sorte que le professeur, maîtrisé par les exigeances d'un programme trop étendu, ne peut donner à cette partie spéciale les développements nécessaires.

Il est donc naturel de conclure que, pour que l'étude de l'Orthographe devienne facile, il faut qu'elle soit enseignée séparément, qu'elle soit fondée sur des règles fixes, embrassant le plus de généralités possibles, afin de diminuer le nombre des exceptions; qu'il faut que l'élève ait également, pour l'orthographe dite d'*usage*, des règles qui le guident mieux que ne l'a fait jusqu'aujourd'hui la routine. Tel est le principe qui m'a guidé dans l'enseignement depuis plusieurs années. Les résultats les plus satisfaisants ont constamment couronné cette méthode, et en livrant ce petit ouvrage à la publicité, je ne fais que céder aux sollicitations des parents de mes nombreux élèves.

S. G.

N. B. Les élèves trouveront des Exercices à

corriger et à écrire sous la dictée, dans un recueil de phrases et de passages extraits non-seulement des auteurs les plus renommés du siècle dernier, mais aussi de ceux de nos jours, tels que MM. de Lamartine, V. Hugo, Villemain, Guizot, Chateaubriand, Casimir Delavigne, etc., etc. Cet ouvrage est sous presse et paraîtra prochainement.

NOUVELLE
MÉTHODE D'ORTHOGRAPHE
GÉNÉRALE,

A L'USAGE DES ÉCOLES PRIMAIRES DES DEUX SEXES.

PREMIÈRE PARTIE.

I.

1. L'orthographe est l'art d'écrire correctement tous les mots d'une langue.

2. Pour écrire les mots on se sert de lettres.

3. Il y a deux sortes de lettres : les voyelles et les consonnes.

4. Les voyelles sont : *a, e, i, o, u, y.*

5. Les consonnes sont : *b, c, d, f, g, h, j, k, l, m, n, p, q, r, s, t, v, x, z.*

6. Sous le rapport de l'orthographe, on divise les mots en deux classes : en mots variables et en mots invariables.

7. Les mots variables sont : le *nom*, l'*adjectif*, le *pronom*, le *verbe* et le *participe*.

II.

DÉFINITIONS DE CHAQUE ESPÈCE DE MOTS.

8. Le nom est un mot qui représente les personnes ou les choses : *Pierre, Emilie, homme, femme, frère, sœur, tailleur, soldat, Paris, Lyon, Seine, Loire, Alsace, capitale, ville, fleuve, rivière, Ardennes, forêt, département, province, terre, France, animal, contrée, verbe, bonté, science, cheval, maison, chien, fenêtre,* etc.

9. On reconnaît qu'un mot est un nom quand on peut le faire précéder des mots *le* ou *la*, *un* ou *une*.

Remarque. Le maître écrira tous les noms ci-dessus

sur le tableau noir et on fera faire une analyse orale et raisonnée. Exemple:

10. *Pierre* est un nom parce qu'il représente une personne.

Emilie est un nom parce qu'il représente une personne.

Homme est un nom pour la même raison, etc.

(Il est important de ne passer à la définition d'un autre mot que lorsque l'élève connaît parfaitement celle du mot précédent.)

11. L'adjectif est un mot qui marque la qualité, la manière d'être, le genre ou le nombre des noms : *beau*, *belle*, *grand*, *jeune*, *ce*, *cette*, *ces*, *mon*, *ton*, *son*, *mes*, *tes*, *ses*, *leur*, *rouge*, *noir*, *blanc*, *le*, *la*, *les*, *un*, *une*, *deux*, *trois*, *quatre*, *premier*, *second*, *troisième*, *trentième*, *centième*, etc.

12. On reconnaît qu'un mot est un adjectif quand on peut y ajouter le mot *personne* ou *objet*.

Remarque. Analyse orale et raisonnée. Exemple :

13. *Beau* est un adjectif parce qu'il marque la qualité du nom, et qu'on peut y ajouter le mot objet (objet beau).

Belle est un adjectif parce qu'il marque la qualité de la personne ou de la chose dont on peut y ajouter le nom (belle personne).

Grand est un adjectif pour la même raison...... (grand objet).

Le est un adjectif parce qu'il marque le genre et le nombre du nom et qu'on peut y ajouter le mot objet (le bel objet), etc.

14. Le pronom représente les personnes ou les choses sans les désigner par leurs noms : *je*, *tu*, *il*, *elle*, *me*, *te*, *se*, *moi*, *toi*, *soi*, *lui*, *elle*, *nous*, *vous*, *ils*, *eux*, *elles*, *qui*, *ce*, *celle*, *celui*, *quelqu'un*, *chacun*, etc.

15. On ne peut le faire précéder des mots : *le* ou *la*, *un* ou *une*, ni y ajouter le mot *personne* ou *objet*.

Remarque. Analyse orale et raisonnée. Exemple :

16. *Je* est un pronom, parce qu'il représente ma personne sans me désigner par mon nom.

Tu est un pronom parce qu'il représente ta personne sans te désigner par ton nom, etc.

17. Le verbe est un mot qui exprime que l'on *est* ou que l'on *fait* quelque chose : *va*, *lis*, *pleure*, *sois*, *finis*, *parlez*, *avait*, *auras*, *faire*, *étudions*, *prennent*, *prétendent*, *corrigent*, etc.

18. On reconnaît qu'un mot est un verbe quand on peut le faire précéder d'un des pronoms : *je, tu, il, elle, nous, vous, ils, on.*

Remarque. Analyse raisonnée et orale. Exemple :

19. *Va* est un verbe parce qu'il exprime que l'on fait quelque chose et qu'on peut dire : *Tu vas, il va.*

Lis est un verbe parce qu'il exprime que l'on fait quelque chose et qu'on peut dire : *Je lis, tu lis, il lit.*

Pleure est un verbe pour la même raison.

Sois est un verbe parce qu'il exprime que l'on est, et qu'on peut dire : (que) *Je sois*, etc.

20. Le participe est un adjectif qui vient du verbe : *fini, reçu, rendu, béni, grandi, écrit, fait, senti, aperçu, appris*, etc.

21. On le reconnaît en ce qu'on peut y ajouter, comme à l'adjectif, le mot *personne* ou *objet.*

Analyse orale et raisonnée. Exemple :

22. *Fini* est un participe parce qu'il vient du verbe *je finis, tu finis, il finit*, etc., et parce qu'on peut dire : *un objet fini.*

Reçu est un participe parce qu'il vient du verbe *je reçois* ou *je reçus, tu reçois*, etc., et qu'on peut dire : *un objet reçu.*

Rendu est un participe pour la même raison, etc.

23. Tout mot qui n'est ni nom, ni adjectif, ni pronom, ni verbe, ni participe, est un mot invariable : *dans, quand, ô, ah, hélas, sur, entre, y, en, pendant, durant, néanmoins, fidèlement, grandement*, etc

24. On le reconnaît en ce qu'on ne peut y ajouter, comme au nom, un des mots *le, la, un, une*, ni le mot *personne* ou *objet*, comme à l'adjectif et au participe, ni le faire précéder, comme le verbe, d'un des pronoms : *Je, tu, ils, nous, vous, ils*, etc.

Analyse orale et raisonnée. Exemple :

25. *Dans* est un mot invariable, n'étant ni un nom, ni un adjectif, ni un verbe, ni un participe, et parce qu'on ne peut y ajouter un des mots qui servent à faire connaître les mots variables.

Quand est un mot invariable pour la même raison, etc.

Remarque. Avant de passer au développement de chaque espèce de mots, le maître doit s'assurer si l'élève sait bien distinguer ces espèces de mots.

III.

DÉVELOPPEMENT.

NOM.

26. Le nom est un mot qui représente les personnes ou les choses : *Pierre, Joseph, homme, femme, soldat, Paris, Seine, ville, fleuve, maison, château, vertu*, etc., sont des noms.

27. Il y a quatre espèces de noms : le *nom propre*, le *nom commun*, le *nom composé* et le *nom collectif*.

28. Le nom propre est celui qui ne convient pas à toutes les personnes ni à toutes les choses de la même espèce : *Pierre, Emilie, Paul, Marie, Louis, Paris, Versailles, Grenoble, Seine, Loire, Pyrénées, Rhin, Ardennes, Vésuve, Alpes*, etc., sont des noms propres, parce que chacun de ces noms ne convient qu'à la *personne* ou à l'*objet* qu'il représente.

(Analyse raisonnée et orale.)

29. Tout nom propre doit commencer par une lettre majuscule.

30. Le nom commun est celui qui convient à toutes les personnes ou à toutes les choses de la même espèce : *homme, femme, maison, ville, contrée, roi, main, table, livre, plume, papier, flambeau, montagne, forêt, feu, vertu, bonté*, etc.

(Analyse raisonnée et orale.)

Récapitulation des deux espèces de noms précédentes :

Cicéron devint par son génie l'égal des plus grands hommes de l'état.

Les plus savants des hommes, **Socrate**, **Platon**, **Newton**, ont été aussi les plus religieux.

Le même roi qui a su employer les **Condé**, les **Turenne**, les **Luxembourg**, les **Créqui**, les **Catinat** et les **Villars** dans ses armées ; les **Colbert** et les **Louvois** dans son cabinet ; choisit les **Racine** et les **Boileau** pour écrire son histoire ; les **Bossuet** et les **Fénélon** pour instruire ses enfants ; les **Fléchier**, les **Bourdaloue** et les **Masillon** pour l'instruire lui-même.

31. Le nom composé est formé de plusieurs mots unis par un trait d'union (-) : *chef-lieu, chef-d'œuvre, arc-en-*

ciel, garde-fou, porte-clés, tête-à-tête, essuie-mains, chien-loup, basse-cour.

Analyser oralement les noms composés ci-dessus.

32. Le nom collectif est celui qui, quoique au singulier, représente à l'esprit l'idée de plusieurs personnes ou de plusieurs choses de la même espèce : *troupe, peuple, quantité, multitude, compagnie,* etc.

33. Il y a deux sortes de collectifs : les collectifs généraux et les collectifs partitifs.

34. Le collectif général est celui qui représente la totalité des personnes ou des choses dont on parle : La *foule* des hommes est asservie à ses passions.

35. Le collectif partitif est celui qui ne représente qu'une partie des personnes ou des choses.

36. Le collectif général est ordinairement précédé de *le, la, les, ce, cette, mon, ton, son,* etc.

37. Le collectif partitif est ordinairement précédé de *un, une*. Excepté *la plupart*.

Récapitulation des quatre espèces de noms précédentes :

ANALYSE.

Près d'un *bois*, le *soir*, à l'*écart*,
Dans une superbe *prairie*,
Des lapins s'amusaient, sur l'*herbette* fleurie,
A jouer au *colin-maillard*.

Les *civettes* cherchent à entrer dans les *basses-cours* pour emporter les *volailles*.

Appelé par le *choix* libre du *peuple* à remplir le *trône* électif qu'avait occupé *Tarquin*, son *bienfaiteur*, il avait voulu autant que possible associer à sa fortune les deux *petits-fils* de ce *prince*.

Le premier *escadron* s'ébranla, le second le suivit et descendit de la *plate-forme*.

38. C'est l'*intention* qui caractérise la *plupart* des *actions* de la *vie*.

Il y a une *infinité* d'*erreurs* qui, une fois adoptées, deviennent des *principes*.

Les *planches* qu'on suspend sur un léger *appui*,
La *mort-aux-rats*, les *souricières*
N'étaient que *jeux* auprès de lui.

Porte-maison l'infante y tient de tels *propos*
Que *monsieur* du *corbeau* va faire
Office d'*espion* et puis de *messager*.

IV.

LE GENRE ET LE NOMBRE.

39. Dans les noms on considère le genre et le nombre. Il y a deux genres : le masculin et le féminin.

40. Tout nom qui représente un être mâle est du genre masculin, de même que ceux devant lesquels on peut mettre *le* ou *un* : *Léon*, *Charles*, *homme*, *garçon*, *roi*, *maître*, *livre*, *papier*, *bonheur*, *espoir*, *chagrin*, *résultat*, etc.

(Analyse raisonnée et orale.)

41. Tout nom qui représente un être femelle est du genre féminin, de même que ceux devant lesquels on peut mettre *la* ou *une* : *Léonore*, *Emilie*, *femme*, *fille*, *table*, *fenêtre*, *maison*, *plume*, *encre*, *vertu*, *bienfaisance*, *espérance*, *charité*, *douleur*, *conclusion*, *faim*, *soif*, etc.

(Analyse raisonnée et orale.)

42. Il y a deux nombres : le singulier et le pluriel.

43. Un nom est au singulier quand il représente une seule personne ou une seule chose : un *homme*, un *livre*, le *roi*, ce *cheval*, etc.

44. Un nom est au pluriel quand il représente plusieurs personnes ou plusieurs choses : des *hommes*, des *livres*, les *rois*, ces *chevaux*, etc.

45. On connaît la terminaison d'un nom singulier ou par la prononciation, comme : *homme*, *femme*, *père*, *mère*, *jour*, *opéra*; ou par la dérivation, comme : *crin*, *jardin*, *accord*, *chat*, *chien*, etc., dérivés de *crinière*, *jardinage*, *accorder*, *chatte*, *chienne*, etc.; ou par l'usage : *corps*, *remords*, *palais*, *relais*, *nez*, etc.

46. Tout nom pluriel est terminé par *s*, *x* ou *z*.

47. De là, pour former le pluriel d'un nom on y ajoute *s*, s'il n'est pas terminé au singulier par *s*, *x* ou *z*; ceux en *au*, *eu* prennent un *x*. Les noms terminés au singulier par *ou* prennent les uns *s*, d'autres *x*. Ceux qui prennent *x* sont : *filou*, *hibou*, *verrou*, *chou*, *pou*, *genou*.

48. A ceux qui sont terminé par *s*, *x*, *z*, on n'ajoute rien au pluriel.

49. Les noms terminés au singulier par *al* changent cette finale en *aux*. Excepté *bal*, *régal*, *cal*, *carnaval*, *chacal*. *Email*, *soupirail*, *travail*, *corail*, *vitrail*, changent aussi la syllabe *ail* en *aux*.

50. *Œil*, *ciel*, *aïeul* font *yeux*, *cieux*, *aïeux* et *aïeuls*.

51. Les noms composés forment leur pluriel de différentes manières.

52. 1° Ceux qui sont formés de deux noms ou d'un adjectif et d'un nom unis par un trait d'union prennent tous deux la marque du pluriel : un *chef-lieu*, des *chefs-lieux*, un *chien-loup*, des *chiens-loups*, une *basse-cour*, des *basses-cours*, etc.

53. 2° A ceux qui sont formés de deux noms unis par un mot invariable, on n'ajoute la marque du pluriel qu'au premier de ces noms : un *chef-d'œuvre*, des *chefs-d'œuvres*; un *arc-en-ciel*, des *arcs-en-ciel*, etc.

54. 3° Les noms composés d'un verbe ou d'un mot invariable et d'un nom ne prennent la marque du pluriel qu'au nom seul : une *arrière-saison*, des *arrière-saisons*; un *contre-coup*, des *contre-coups*; un *porte-crayon*, des *porte-crayons*; etc.

55. 4° D'autres changent ou restent invariables, suivant que le sens qui y est attaché indique l'unité ou la pluralité : un *essuie-mains*, des *essuie-mains*; un *tête-à-tête*, des *tête-à-tête*; etc.

EXERCICES.

(Écrire au tableau noir des noms singuliers de différentes espèces et de différentes terminaisons dont les élèves formeront le pluriel.)

V.

ADJECTIF.

56. L'adjectif est un mot qui marque la qualité, la manière d'être ou le genre et le nombre des noms auxquels il se rapporte : *grand*, *beau*, *bel*, *belle*, *agréable*, *honnête*, *ce*, *cet*, *cette*, *ces*, *mon*, *ton*, *son*, *mes*, *tes*, *ses*, *notre*, *votre*, *leur*, *leurs*, *le*, *la*, *les*, *blanc*, *noir*, *jaune*, *rouge*, etc.

Grand arbre, *petit* cheval, *beau* papier, *bon* père, *bonne* mère, *belle* maison, *agréable* talent, *honnête* homme, *ce* jardin, *cette* maison, *ces* fenêtres, *mon* ami, *ma* sœur, *ton* frère, *ta* plume, *son* savoir, *sa* vertu, *mes* parents, *tes* jambes, *ses* bras, *leurs* cheveux, *le* bonheur, *la* vérité, *les* douleurs, drap *blanc*, étoffe *rouge*, gant *jaune*, etc.

57. L'adjectif n'a par lui-même ni genre, ni nombre.

Il prend le genre et le nombre du nom ou du pronom auquel il se rapporte : *grand* arbre, *belles* fleurs, *des* étoffes *bleues*, etc.

58. Quand l'adjectif se rapporte à des noms de différents genres, il se met au masculin pluriel : mon père et ma mère sont *contents*, les vices et les vertus sont *opposés*.

59. Tout adjectif féminin est terminé par un *e* muet : plume *molle*, encre *noire*, *cette* maison.

60. Pour savoir par quelle lettre il faut terminer un adjectif masculin, on en forme le féminin. La dernière lettre qui se fait alors sentir dans la prononciation est celle qui doit terminer l'adjectif masculin.

FORMATION DU PLURIEL DANS LES ADJECTIFS.

61. **Règle.** Tout adjectif féminin devant être terminé par un *e* muet, on ajoute un *e* à ceux qui ne sont pas déjà terminés au masculin par cette lettre, pour en faire des adjectifs féminins. Exemples : grand, grande ; petit, petite ; vrai, vraie ; etc.

62. Les adjectifs terminés au masculin par *gu* prennent un tréma (ë) sur l'*e* final au féminin.

EXEMPLES.

Aigu, *aiguë* ; *ambigu*, *ambiguë* ; *contigu*, *contiguë* ; *exigu*, *exiguë*, etc.

63. Ceux qui sont terminés par *el*, *eil*, *en*, *et*, *en*, *an*, changent au féminin ces finales en *elle*, *eille*, *enne*, *ette*, *enne*, *anne*.

EXEMPLES.

Bel, *belle* ; *nouvel*, *nouvelle* ; *éternel*, *éternelle* ; *vieil*, *vieille* ; *vermeil*, *vermeille* ; *ancien*, *ancienne* ; *bon*, *bonne* ; *fripon*, *friponne* ; etc.

Excepté : *complet*, *concret*, *discret*, *inquiet*, *replet*, *secret*, qui font au féminin *complète*, *concrète*, *discrète*, *inquiète*, *replète*, *secrète*.

64. Les adjectifs masculins en *an*, *as*, *aïs*, *ès*, *il*, *ol*, *os*, *ul*, doublent également au féminin la dernière consonne avant l'*e* muet.

EXEMPLES.

Paysan, *paysanne* ; *gras*, *grasse* ; *exprès*, *expresse* ;

profès, professe ; gentil, gentille ; mol, molle ; gros, grosse ; nul, nulle.

Excepté : *courtisan, gallican,* qui font *courtisane, gallicane.*

65. Les adjectifs en *f* changent au féminin *f* en *ve : vif, vive ; naïf, naïve ; neuf, neuve ;* etc.

66. Ceux en *eux* changent cette syllabe en *euse.*

EXEMPLES.

Heureux, heureuse ; généreux, généreuse ; peureux, peureuse ; etc.

67. *Doux, faux, roux,* font *douce, fausse, rousse.*

68. Les adjectifs en *eur* formés de verbes par le changement de la dernière syllabe du verbe en *eur* font également leur féminin en *euse.*

EXEMPLES.

Trompeur, trompeuse ; chanteur, chanteuse ; parleur, parleuse ; etc.

De trompant, chantant, parlant, etc.

Excepté : *inspecteur, inventeur, persécuteur, exécuteur,* qui font *inspectrice, inventrice, persécutrice, exécutrice,* etc.

Vengeur, pécheur, enchanteur, font au féminin, *vengeresse, pécheresse, enchanteresse.* (Voir les finales p. 47. Orthographe d'usage.)

69. *Bénin* et *malin* font *bénigne, maligne.*

70. Les adjectifs : *blanc, franc, sec, frais, public, caduc, turc, grec, long, oblong, tiers, favori, absous, coi,* font : *blanche, franche, sèche, fraiche, publique, caduc, turque, grecque, longue, oblongue, tierce, favorite, absoute, coite.*

Remarque. Les adjectifs qui ont un *e* au masculin devant la consonne finale et qui forment leur féminin par l'addition d'un *e* muet, prennent un accent grave (*è*) sur l'*e* qui précède la dernière consonne.

EXEMPLES.

Complet, complète ; discret, discrète ; léger, légère ; fier, fière.

FORMATION DU PLURIEL.

71. Pour former le pluriel dans les adjectifs on ajoute

s à ceux qui ne sont pas terminés par s, x, au singulier : un *jeune* enfant, de *jeunes* enfants.

72. Ceux qui sont terminés par s ou x au singulier restent invariables au pluriel : un mortel *généreux*, des mortels *généreux* ; un habit *gris*, des habits *gris*.

73. Ceux qui sont terminés au singulier par *au* prennent *x* au pluriel : un *beau* cheval, de *beaux* chevaux.

74. Les adjectifs terminés en *al* changent, les uns *al* en *aux* ; tels sont *loyal*, *impartial*, *brutal*, *grammatical*, *moral*, etc.

Des hommes *loyaux* et *impartiaux*, des mouvements *brutaux*, les termes *grammaticaux*, des contes *moraux*.

75. D'autres prennent simplement un s ; tels sont *fatal*, *jovial*, *natal*, *naval*, *pascal*, etc.

76. L'adjectif *tout* perd le *t* au pluriel : *tous* les hommes sont mortels.

77. Les adjectifs : *bon*, *cher*, *fort*, *clair*, *même*, *juste*, restent invariables quand ils sont placés après un verbe auquel ils se rapportent : ces fleurs sentent *bon*, cette maison coûte *cher*, ils frappent *fort*, nous voyons *clair*, ces dames chantent *juste*, etc.

Remarque. *Nu* reste invariable quand il est placé avant le nom : *nu*-tête ; *nu*-pieds ; etc. Il s'accorde quand il est placé après : *tête nue*, *pieds nus*.

Feu reste invariable quand il est séparé, par un autre adjectif, du nom auquel il se rapporte : *feu* la reine ; *feu* ta mère ; mais il s'accorde quand il n'en est pas séparé : la *feue* reine ; ta *feue* mère.

Demi, placé devant un nom, reste également invariable : une *demi*-heure. Mais placé après, il s'accorde en genre avec le nom : une heure et *demie*, etc.

(Exercices à corriger d'abord, ensuite à écrire sous la dictée.)

Les *doux* zéphyrs conservent en ce lieu, malgré les ardeurs du soleil, une *délicieu* fraîcheur. Des fontaines, coulant avec un *doux* murmure sur des prés *semé* d'amaranthes et de violettes, formaient en *divers* lieux des bains aussi *pur* et aussi *clair* que le cristal ; mille fleurs *naissant* émaillaient les tapis *vert* dont la grotte était *environné*. Là, on trouvait un bois de ces arbres *touffu* qui portent des pommes d'or, et dont la fleur qui se renouvèle dans *toute* les saisons, répand le plus *doux* de *tout* les parfums ; ce bois semblait couronner ces *belle* prairies et formait une nuit que les rayons du soleil ne pouvaient percer. Là, on n'entendait jamais que le chant des oiseaux ou le bruit d'un ruisseau qui, se précipitant du haut d'un rocher, tombait à *gros* bouillons *plein* d'écume, et s'enfuyait au travers de la prairie. (FÉNELON.)

Les Tyriens sont *industrieux, patients, laborieux, propres, sobre* et *ménager*; ils ont une *exacte* police; ils sont parfaitement d'accord entre eux; jamais peuple n'a été plus *constant*, plus *sincère*, plus *fidèle*, plus *sûr*, plus commode à *tout* les étrangers. (*Le même.*)

Comme c'est le caractère des *grand* esprits de faire entendre en peu de paroles beaucoup de choses, les *petits* esprits, au contraire, ont le don de beaucoup parler et de ne rien dire. (LA ROCHEFOUCAULD.)

Peu de gens sont assez *sage* pour préférer le blâme qui leur est *utile* à la louange qui les trahit. (*Le même.*)

VI.

PRONOM.

78. Le pronom est un mot qui représente les personnes ou les choses sans les désigner par leurs noms : *je, me, moi, nous, tu, te, toi, vous, il, elle, le, la, les, on, se, soi, lui, ils, elles, eux, qui, que, quoi, lequel, laquelle, lesquels, lesquelles, chacun*, etc.

79. Dans les pronoms il y a à considérer le genre, le nombre et la personne.

80. Il y a trois personnes : celle qui parle, celle à qui l'on parle, et celle de qui l'on parle.

81. Les pronoms qui désignent les personnes plus *spécialement* que les autres sont appelés pronoms personnels.

82. Les pronoms de la première personne sont :

	SINGULIER.	PLURIEL.
Pour les deux genres...	*je, me, moi,*	*nous.*

Ceux de la seconde personne sont :

Pour les deux genres....	*tu, te, toi,*	*vous.*
Pour le MASCULIN...	*il, le, lui, se, soi, on, chacun*, etc..	*ils, leur, eux, se, soi, les,*
Pour le FÉMININ...	*elle, la, lui, se, soi, chacune.*	*elles, leur, les*, etc.

(Analyse détaillée et orale de toute espèce de pronoms.)

VII.

VERBE.

83. Le verbe est un mot qui exprime que l'on est ou que l'on fait quelque chose : *Lire*, je *lis*, tu *lisais*, il *écrivait*, elle *écrira*, nous *pûmes*, vous *irez*, ils *commettent*, *lever*, *levant*, elles *lèveraient*, (qu') on *soit*, (que) j'*aie*, (que) tu *paies*, (qu')il *payât*, (que) vous *effaçassiez*, etc.

84. Dans les verbes on considère trois choses principales : 1° la personne ; 2° le nombre ; 3° le temps.

Tout verbe a trois personnes, deux nombres : le singulier et le pluriel ; trois temps principaux : le présent, le passé et le futur.

85. Un verbe est à la première personne quand il a pour sujet *je* au singulier, *nous* au pluriel : je *lis*, nous *lisons*.

Remarque. On appelle sujet d'un verbe, l'être ou l'objet qui est, ou qui fait l'action exprimée par le verbe. C'est le mot qui répond à la question qui est-ce qui ? ou qu'est-ce qui ? Exemples : J'*aime* Dieu. Le *travail* *rend* habile. Qui est-ce qui aime Dieu ? Moi (je). *Je* est donc le sujet du verbe *aime*. Qu'est-ce qui rend habile ? Le travail. Le *travail* est le sujet du verbe rend.

86. Un verbe est à la seconde personne quand il a pour sujet *tu* au singulier, *vous* au pluriel : *tu lis*, *vous lisez*.

87. Un verbe est à la troisième personne quand il a pour sujet *il*, *elle*, *on* au singulier ; *ils*, *elles* au pluriel, ou tout autre pronom, ou bien un nom : *il* ou *elle lit* ; *ils* ou *elles lisent* ; *qui lit* ; *chacun parlerait* ; *un homme marchait* ; les *hommes sont* plutôt faibles que méchants, etc.

88. Le verbe est au singulier quand il a un sujet singulier : *Je parle*, *tu écrivais*, *il prit*, *elle aura*, *on vint*, *l'homme est*. Il est au pluriel quand il a un sujet pluriel : *Nous lisons*, *vous écriviez*, *ils prirent*, *elles auront*, *les gens vinrent*, *les hommes sont*.

89. Le verbe se met encore au pluriel quand il a un sujet composé de deux ou plusieurs pronoms, de deux ou plusieurs noms : *lui et elle partirent* ; *le père, la mère et l'enfant sont morts* ; *le roi et les princes sont partis pour Versailles* ; *vous et moi chérissons la vertu*.

90. L'existence ou l'action exprimée par le verbe peut

avoir lieu au moment de la parole, comme dans *je suis malade; tu nous contentes*; ou elle peut avoir eu lieu dans un temps où l'on n'est plus, comme dans *je lisais quand vous entrâtes*; ou elle aura lieu dans un temps à venir : *Je partirai quand vous serez rétabli*.

91. On compte donc trois temps principaux : le *présent*, le *passé* et le *futur*.

92. Ces trois temps se subdivisent en d'autres temps qui prennent des noms différents, suivant que l'existence ou l'action a lieu ou a eu lieu d'une manière *absolue, conditionnelle, subordonnée, vague* ou *relative* à une autre action.

93. On dit au présent d'une manière absolue : *je suis, tu es, il est* malade; ou bien j'*écris, tu écris*, il *écrit* une lettre. Ce présent est appelé **Indicatif**.

94. On dit encore au présent, mais conditionnellement : je *serais, tu serais*, il *serait* malade, si...; ou bien j'*écrirais*, tu *écrirais*, il *écrirait* une lettre, si... Ce présent est appelé **Conditionnel**.

95. D'une manière subordonnée : je *veux que tu sois*, qu'*il soit* malade, ou bien que tu *écrives*, qu'*il écrive* une lettre. Ce temps est appelé *présent* du **Subjonctif**.

96. On dit au passé d'une manière absolue : hier *je fus, tu fus, il fut* absent, ou *j'écrivis, tu écrivis, il écrivit*, etc. Ce *passé* est appelé **Défini**.

97. D'une manière relative, c'est-à-dire comme ayant lieu dans un temps passé, au moment qu'une autre également passée, commença : *je lisais* quand vous entrâtes. Ce passé est appelé **Imparfait**.

98. Il y a deux **imparfaits** : l'imparfait de l'indicatif et l'imparfait du subjonctif.

99. Il n'y a qu'un temps pour exprimer que l'existence ou l'action aura lieu dans l'avenir, c'est le **Futur** : demain *je serai, tu seras, il sera* malade, ou bien, demain *j'écrirai, tu écriras, il écrira* une lettre.

100. L'existence ou l'action peut être exprimée d'une manière vague, c'est-à-dire sans désignation de temps, de nombre, ni de personne : *être, écrire, lire, faire*. Ce temps est appelé **Infinitif**. Il indique la forme primitive de tout verbe.

101. On voit qu'il y a trois présents, deux passés, un futur.

102. Pour donner une idée des différents changements

que subissent les verbes selon la personne, le nombre et le temps, nous allons mettre sous les yeux des élèves quelques verbes avec toutes leurs terminaisons et les participes de chacun.

103. *Infinitif.* Etre (verbe principal); *participe présent*, étant; *participe passé*, été.

PRÉSENTS.

Indicatif. Je suis, tu es, il est, nous sommes, vous êtes, ils sont.

Conditionnel. Je serais, tu serais, il serait, nous serions, vous seriez, ils seraient.

Subjonctif. (que) Je sois, tu sois, il soit, nous soyons, vous soyez, ils soient.

PASSÉS.

Défini. Je fus, tu fus, il fut, nous fûmes, vous fûtes, ils furent.

1er *Imparfait.* J'étais, tu étais, il était, nous étions, vous étiez, ils étaient.

2e *Imparfait.* (que) Je fusse, tu fusses, il fût, nous fussions, vous fussiez, ils fussent.

FUTUR.

Je serai, tu seras, il sera, nous serons, vous serez, ils seront.

---

104. *Infinitif.* Avoir; *part présent*, ayant; *part. passé*, eu.

PRÉSENTS.

Indicatif. J'ai, tu as, il a, nous avons, vous avez, ils ont.

Conditionnel. J'aurais, tu aurais, il aurait, nous aurions, vous auriez, ils auraient.

Subjonct. (que) J'aie, tu aies, il ait, nous ayons, vous ayez, ils aient.

PASSÉS.

Défini. J'eus, tu eus, il eut, nous eûmes, vous eûtes, ils eurent.

1er *Imparfait.* J'avais, tu avais, il avait, nous avions, vous aviez, ils avaient.

2e *Imparfait.* (que) J'eusse, tu eusses, il eût, nous eussions, vous eussiez, ils eussent.

FUTUR.

J'aurai, tu auras, il aura, nous aurons, vous aurez, ils auront.

---

105. *Infinitif*. Parler; *part. présent*, parlant; *part. passé*, parlé.

PRÉSENTS.

Indicatif. Je parle, tu parles, il parle, nous parlons, vous parlez, ils parlent.
Condition. Je parlerais, tu parlerais, il parlerait, nous parlerions, vous parleriez, ils parleraient.
Subjonct. (que) Je parle, tu parles, il parle, nous parlions, vous parliez, ils parlent.

PASSÉS.

Défini. Je parlai, tu parlas, il parla, nous parlâmes, vous parlâtes, ils parlèrent.
1er *Imparf*. Je parlais, tu parlais, il parlait, nous parlions, vous parliez, ils parlaient.
2e *Imparf*. (que) Je parlasse, tu parlasses, il parlât, nous parlassions, vous parlassiez, ils parlassent.

FUTUR.

Je parlerai, tu parleras, il parlera, nous parlerons, vous parlerez, ils parleront.

---

106. *Infinitif*. Lancer; *part. présent*, lançant; *part. passé*, lancé.

PRÉSENTS.

Indicatif. Je lance, tu lances, il lance, nous lançons, vous lancez, ils lancent.
Condition. Je lancerais, tu lancerais, il lancerait, nous lancerions, vous lanceriez, ils lanceraient.
Subjonct. (que) Je lance, tu lances, il lance, nous lancions, vous lanciez, ils lancent.

PASSÉS.

Défini. Je lançai, tu lanças, il lança, nous lançâmes, vous lançâtes, ils lancèrent.

1er *Imparf.* Je lançais, tu lançais, il lançait, nous lancions, vous lanciez, ils lançaient.
2e *Imparf.* (que) Je lançasse, tu lançasses, il lançât, nous lançassions, vous lançasiez, ils lançassent.

FUTUR.

Je lancerai, tu lanceras, il lancera, nous lancerons, vous lancerez, ils lanceront.

---

107. *Infinitif.* Nager ; *part. présent*, nageant ; *part. passé*, nagé.

PRÉSENTS.

Indicatif. Je nage, tu nages, il nage, nous nageons, vous nagez, ils nagent.
Condition. Je nagerais, tu nagerais, il nagerait, nous nagerions, vous nageriez, ils nageraient.
Subjonct. (que) Je nage, tu nages, il nage, nous nagions, vous nagiez, ils nagent.

PASSÉS.

Défini. Je nageai, tu nageas, il nagea, nous nageâmes, vous nageâtes, ils nagèrent.
1er *Imparf.* Je nageais, tu nageais, il nageait, nous nagions, vous nagiez, ils nageaient.
2e *Imparf.* (que) Je nageasse, tu nageasses, il nageât, nous nageassions, vous nageassiez, ils nageassent.

FUTUR.

Je nagerai, tu nageras, il nagera, nous nagerons, vous nagerez, ils nageront.

---

108. *Infinitif.* Peler; *part. présent*, pelant; *part. passé*, pelé.

PRÉSENTS.

Indicatif. Je pèle, tu pèles, il pèle, nous pelons, vous pelez, ils pèlent.
Condition. Je pèlerais, tu pèlerais, il pèlerait, nous pèlerions, vous pèleriez, ils pèleraient.
Subjonct. (que) Je pèle, tu pèles, il pèle, nous pelions, vous peliez, ils pèlent.

PASSÉS.

Défini. Je pelai, tu pelas, il pela, nous pelâmes, vous pelâtes, ils pelèrent.
1er *Imparf.* Je pelais, tu pelais, il pelait, nous pelions, vous peliez, ils pelaient.
2e *Imparf.* (que) Je pelasse, tu pelasses, il pelât, nous pelassions, vous pelassiez, ils pelassent.

FUTUR.

Je pèlerai, tu pèleras, il pèlera, nous pèlerons, vous pèlerez, ils pèleront.

---

109. *Infinitif.* Crier ; *part. présent,* criant ; *part. passé,* crié.

PRÉSENTS.

Indicatif. Je crie, tu cries, il crie, nous crions, vous criez, ils crient.
Condition. Je crierais, tu crierais, il crierait, nous crierions, vous crieriez, ils crieraient.
Subjonct. (que) Je crie, tu cries, il crie, nous criions, vous criiez, ils crient.

PASSÉS.

Défini. Je criai, tu crias, il cria, nous criâmes, vous criâtes, ils crièrent.
1er *Imparf.* Je criais, tu criais, il criait, nous criions, vous criiez, ils criaient.
2e *Imparf.* (que) Je criasse, tu criasses, il criât, nous criassions, vous criassiez, ils criassent.

FUTUR.

Je crierai, tu crieras, il criera, nous crierons, vous crierez, ils crieront.

---

110. *Infinitif.* Payer ; *part. présent,* payant ; *part. passé,* payé.

PRÉSENTS.

Indicatif. Je paie, tu paies, il paie, nous payons, vous payez, ils paient.

Condition. Je paierais, tu paierais, il paierait, nous paierions, vous paieriez, ils paieraient.
Subjonct. (que) Je paie, tu paies, il paie, nous payions, vous payiez, ils paient.

PASSÉS.

Défini. Je payai, tu payas, il paya, nous payâmes, vous payâtes, ils payèrent.
1er *Imparfait.* Je payais, tu payais, il payait, nous payions, vous payiez, ils payaient.
2e *Imparfait.* (que) Je payasse, tu payasses, il payât, nous payassions, vous payassiez, ils payassent.

FUTUR.

Je paierai, tu paieras, il paiera, nous paierons, vous paierez, ils paieront.

---

111. *Infinitif.* Bâtir ; *part. présent*, bâtissant ; *passé*, bâti.

PRÉSENTS.

Indicatif. Je bâtis, tu bâtis, il bâtit, nous bâtissons, vous bâtissez, ils bâtissent.
Condition. Je bâtirais, tu bâtirais, il bâtirait, nous bâtirions, vous bâtiriez, ils bâtiraient.
Subjonctif. (que) Je bâtisse, tu bâtisses, il bâtisse, nous bâtissions, vous bâtissiez, ils bâtissent.

PASSÉS.

Défini. Je bâtis, tu bâtis, il bâtit, nous bâtîmes, vous bâtîtes, ils bâtirent.
1er *Imparf.* Je bâtissais, tu bâtissais, il bâtissait, nous bâtissions, vous bâtissiez, ils bâtissaient.
2e *Imparf.* (que) Je bâtisse, tu bâtisses, il bâtît, nous bâtissions, vous bâtissiez, ils bâtissent.

FUTUR.

Je bâtirai, tu bâtiras, il bâtira, nous bâtirons, vous bâtirez, ils bâtiront.

---

112. *Infinitif.* Recevoir ; *part. présent*, recevant ; *part. passé*, reçu.

PRÉSENTS.

Indicatif. Je reçois, tu reçois, il reçoit, nous recevons, vous recevez, ils reçoivent.

Condit. Je recevrais, tu recevrais, il recevrait, nous recevrions, vous recevriez, ils recevraient.

Subjonct. (que) Je reçoive, tu reçoives, il reçoive, nous recevions, vous receviez, ils reçoivent.

PASSÉS.

Défini. Je reçus, tu reçus, il reçut, nous reçûmes, vous reçûtes, ils reçurent.

1er *Imparf.* Je recevais, tu recevais, il recevait, nous recevions, vous receviez, ils recevaient.

2e *Imparf.* (que) Je reçusse, tu reçusses, il reçût, nous reçussions, vous reçussiez, ils reçussent.

FUTUR.

Je recevrai, tu recevras, il recevra, nous recevrons, vous recevrez, ils recevront.

---

113. *Infinitif.* Vendre ; *part. présent*, vendant ; *part. passé*, vendu.

PRÉSENTS.

Indicatif. Je vends, tu vends, il vend, nous vendons, vous vendez, ils vendent.

Condition. Je vendrais, tu vendrais, il vendrait, nous vendrions, vous vendriez, ils vendraient.

Subjonct. (que) Je vende, tu vendes, il vende, nous vendions, vous vendiez, ils vendent.

PASSÉS.

Défini. Je vendis, tu vendis, il vendit, nous vendîmes, vous vendîtes, ils vendirent.

1er *Imparf.* Je vendais, tu vendais, il vendait, nous vendions, vous vendiez, ils vendaient.

2e *Imparf.* (que) Je vendisse, tu vendisses, il vendît, nous vendissions, vous vendissiez, ils vendissent.

FUTUR.

Je vendrai, tu vendras, il vendra, nous vendrons, vous vendrez, ils vendront.

---

114. *Infinitif.* Cueillir ; *part. présent*, cueillant ; *part. passé*, cueilli.

PRÉSENTS.

Indicatif. Je cueille, tu cueilles, il cueille, nous cueillons, vous cueillez, ils cueillent.
Condition. Je cueillerais, tu cueillerais, il cueillerait, nous cueillerions, vous cueilleriez, ils cueilleraient.
Subjonctif. (que) Je cueille, tu cueilles, il cueille, nous cueillions, vous cueilliez, ils cueillent.

PASSÉS.

Défini. Je cueillis, tu cueillis, il cueillit, nous cueillîmes, vous cueillîtes, ils cueillirent.
1er *Imparf.* Je cueillais, tu cueillais, il cueillait, nous cueillions, vous cueilliez, ils cueillaient.
2e *Imparf.* (que) Je cueillisse, tu cueillisses, il cueillît, nous cueillissions, vous cueillissiez, ils cueillissent.

FUTUR.

Je cueillerai, tu cueilleras, il cueillera, nous cueillerons, vous cueillerez, ils cueilleront.

---

115. *Infinitif.* Offrir; *part. présent*, offrant; *part. passé*, offert.

PRÉSENT.

Indicatif. J'offre, tu offres, il offre, nous offrons, vous offrez, ils offrent.
Condition. J'offrirais, tu offrirais, il offrirait, nous offririons, vous offririez, ils offriraient.
Subjonctif. (que) J'offre, tu offres, il offre, nous offrions, vous offriez, ils offrent.

PASSÉS.

Défini. J'offris, tu offris, il offrit, nous offrîmes, vous offrîtes, ils offrirent.

1er *Imparf.* J'offrais, tu offrais, il offrait, nous offrions, vous offriez, ils offraient.

2e *Imparf.* (que) J'offrisse, tu offrisses, il offrît, nous offrissions, vous offrissiez, ils offrissent.

FUTUR.

J'offrirai, tu offriras, il offrira, nous offrirons, vous offrirez, ils offriront.

---

116. *Infinitif.* Acquérir ; *part. présent*, acquérant ; *part. passé*, acquis.

PRÉSENTS.

Indicatif. J'acquiers, tu acquiers, il acquiert, nous acquérons, vous acquérez, ils acquièrent.

Condition. J'acquerrais, tu acquerrais, il acquerrait, nous acquerrions, vous acquerriez, ils acquerraient.

Subjonctif. (que) J'acquière, tu acquières, il acquière, nous acquérions, vous acquériez, ils acquièrent.

---

117. *Infinitif.* Vouloir; *participe présent*, voulant; *passé*, voulu.

PRÉSENTS.

Indicatif. Je veux, tu veux, il veut, nous voulons, vous voulez, ils veulent.

Conditionnel. Je voudrais, tu voudrais, il voudrait ; nous voudrions, vous voudriez, ils voudraient.

Subjonctif. (que) Je veuille, tu veuilles, il veuille, nous voulions, vous vouliez, ils veuillent.

PASSÉS.

Défini. Je voulus, tu voulus, il voulut, nous voulûmes, vous voulûtes, ils voulurent.

1er *Imparfait.* Je voulais, tu voulais, il voulait, nous voulions, vous vouliez, ils voulaient.

2e *Imparfait*. (que) Je voulusse, tu voulusses, il voulût, nous voulussions, vous voulussiez, ils voulussent.

FUTUR.

Je voudrai, tu voudras, il voudra, nous voudrons, vous voudrez, ils voudront.

---

118. *Infinitif*. Valoir ; *participe présent*, valant ; *passé*, valu.

PRÉSENTS.

Indicatif. Je vaux, tu vaux, il vaut, nous valons, vous valez, ils valent.

Conditionnel. Je vaudrais, tu vaudrais, il vaudrait, nous vaudrions, vous vaudriez, ils vaudraient.

Subjonctif. (que) Je vaille, tu vailles, il vaille, nous valions, vous valiez, ils vaillent.

PASSÉS.

Défini. Je valus, tu valus, il valut, nous valûmes, vous valûtes, ils valurent.

1er *Imparfait*. Je valais, tu valais, il valait, nous valions, vous valiez, ils valaient.

2e *Imparfait*. (que) Je valusse, tu valusses, il valût, nous valussions, vous valussiez, ils valussent.

FUTUR.

Je vaudrai, tu vaudras, il vaudra, nous vaudrons, vous vaudrez, ils vaudront.

---

119. *Infinitif*. S'asseoir ; *participe présent*, s'asseyant ; *passé*, assis.

PRÉSENTS.

Indicatif. Je m'assieds, tu t'assieds, il s'assied, nous nous asseyons, vous vous asseyez, ils s'asseient.

Conditionnel. Je m'assierais, tu t'assierais, il s'assierait, nous nous assierions, vous vous assieriez, ils s'assieraient.

Subjonctif. (que) Je m'assèie, tu t'asseies, il s'asseie, nous nous asseyions, vous vous asseyiez, ils s'assèient.

PASSÉS.

Défini. Je m'assis, tu t'assis, il s'assit, nous nous assîmes, vous vous assîtes, ils s'assirent.

1er *Imparfait.* Je m'asseyais, tu t'asseyais, il s'asseyait nous nous asseyions, vous vous asseyiez, ils s'asseyaient.

2e *Imparfait.* (que) Je m'assise, tu t'assises, il s'assît, nous nous assissions, vous vous assissiez, ils s'assissent.

FUTUR.

Je m'assiérai, tu t'assieras, il s'assiera, nous nous assierons, vous vous assierez, ils s'assieront.

---

120. *Infinitif.* Vaincre; *participe présent,* vainquant; *passé,* vaincu.

PRÉSENTS.

Indicatif. Je vaincs, tu vaincs, il vainc, nous vainquons, vous vainquez, ils vainquent.

Conditionnel. Je vaincrais, tu vaincrais, il vaincrait, nous vaincrions, vous vaincriez, ils vaincraient.

Subjonctif. (que) Je vainque, tu vainques, il vainque, nous vainquions, vous vainquiez, ils vainquent.

PASSÉS.

Défini. Je vainquis, tu vainquis, il vainquit, nous vainquîmes, vous vainquîtes, ils vainquirent.

1er *Imparfait.* Je vainquais, tu vainquais, il vainquait, nous vainquions, vous vainquiez, ils vainquaient.

2e *Imparfait.* (que) Je vainquisse, tu vainquisses, il vainquît, nous vainquissions, vous vainquissiez, ils vainquissent.

FUTUR.

Je vaincrai, tu vaincras, il vaincra, nous vaincrons, vous vaincrez, ils vaincront.

---

121. *Infinitif.* Joindre; *participe présent*, joignant; *passé*, joint.

PRÉSENTS.

Indicatif. Je joins, tu joins, il joint, nous joignons, vous joignez, ils joignent.
1er *Imparfait.* Je joignais, tu joignais, il joignait, nous joignions, vous joigniez, ils joignaient.
2e *Imparfait.* (que) Je joignisse, tu joignisses, il joignît, nous joignissions, vous joignissiez, ils joignissent.

FUTUR.

Je joindrai, tu joindras, il joindra, nous joindrons, vous joindrez, ils joindront.

---

122. *Infinitif.* Rompre; *participe présent*, rompant; *passé*, rompu.

PRÉSENTS.

Indicatif. Je romps, tu romps, il rompt, nous rompons, vous rompez, ils rompent.
Conditionnel. Je rompais, tu rompais, il rompait, nous rompions, vous rompiez, ils rompaient.
Subjonctif. (que) Je rompe, tu rompes, il rompe, nous rompions, vous rompiez, ils rompent.

PASSÉS.

Défini. Je rompis, tu rompis, il rompit, nous rompîmes, vous rompîtes, ils rompirent.
1er *Imparfait.* Je rompais, tu rompais, il rompait, nous rompions, vous rompiez, ils rompaient.
2e *Imparfait.* (que) Je rompisse, tu rompisses, il rompît, nous rompissions, vous rompissiez, ils rompissent.

FUTUR.

Je romprai, tu rompras, il rompra, nous romprons, vous romprez, ils rompront.

---

123. D'après les différents verbes qui précèdent, on voit que les verbes se terminent :

Au Singulier par			Au Pluriel par		
1re pers.	2me pers.	3me pers.	1re pers.	2me pers.	3me pers.
e,	**es,**	**e,**	**ons,**	**ez,**	**ent,**
ai,	**as,**	**a,**	»	»	**ont,**
s,	**s,**	**t,**	**mes,**	**tes,**	»
ds,	**ds,**	**d,**	»	»	**aient.**
x	**x,**	**t,**	»	»	»

EXPLICATIONS.

124. **e, es, e,** terminent 1° d'après la prononciation, les verbes : j'offre, tu ouvres, il cueille, qu'elles finissent ; 2° ceux dont l'infinitif est en *er, ier, yer* : je parle, tu pries, il paie, etc.

s, s, t, terminent tous les verbes qui ne sont pas terminés en *e, es, e* : je bâtis, tu hais, qu'il soit, etc.

Excepté ceux dont l'infinitif est en ...*dre*.

ds, ds, d, le Présent-indicatif des verbes en ...*dre* et ...*seoir* : je prends, tu vends, il coud. Je m'assieds, tu t'assieds, il sied, etc.

Excepté les verbes en ...*indre* et ...*soudre* qui se terminent par *s, s, t* : je crains, tu peins, il joint. J'absous, tu dissous, il résout, etc.

cs, cs, c, terminent le Présent-indicatif des verbes vaincre et convaincre : je vaincs, tu convaincs, il vainc.

ps, ps. pt, le Présent-indicatif des verbes en *rompre* : je romps, tu corromps, il interrompt.

x, x, t, le Présent-indicatif des verbes vouloir, valoir, pouvoir, prévaloir, faillir (pécher), peu usité, et falloir. Je veux, tu veux, il peut, je prévaux, il faut, etc.

ai, as, a, 1° tu vas, il va.

2° J'ai, tu as, il a. Excepté le Présent-subjonctif du même verbe : (que) j'aie, tu aies, il ait.

3° Le Futur de tous les verbes : j'aurai, tu parleras, il finira, on prendra, elle recevra, etc.

4° Le PASSÉ-DÉFINI des verbes dont l'infinitif est terminé en *er* : je parlai, tu chantas, il aima, etc.

ais, ais, ait, d'après la prononciation, tous les verbes : je fais, tu hais, il brait. Je connais; tu nais; il sait. J'étais, tu serais; il prendrait; on craignait, etc.

EXCEPTÉ ceux dont l'INFINITIF est en *yer*, et le participe présent en *yant* : je paie, que tu aies, il essaie.

ois, ois, oit, terminent, d'après la prononciation, tous les verbes : je bois, tu reçois, il voit, je crois, tu aperçois, il conçoit.

EXCEPTÉ ceux dont l'INFINITIF est en *yer*, et le participe présent en *yant* : je broie, tu noies, il octroie, qu'elle croie. (Présent du subjonctif de *croire*.)

ous, ous, out, terminent le PRÉSENT-INDICATIF des verbes en ...*soudre* : *j'absous, tu dissous, il résout.*

us, us, ut, d'après la prononciation tous les verbes : je fus, tu eus, il aperçut, etc. EXCEPTÉ ceux dont l'infinitif est en *uer* : je remue, tu influes, il tue, etc.

uis, uis, uit, terminent d'après la prononciation tous les verbes : je fuis, tu détruis, il instruit, etc.

EXCEPTÉ ceux dont l'infinitif est en *uyer* : j'ennuie, tu ennuies, il ennuie, etc.

ons, ez, ont, terminent, d'après la prononciation, tous les verbes au pluriel : nous aimons, vous finissez, ils parleront, etc.

mes, tes, ent, terminent les verbes au pluriel quand on entend la finale muette : nous chantâmes, vous dites, ils firent, nous reçûmes, vous prîtes, ils crurent, etc.

aient, d'après la prononciation toutes les troisièmes personnes du pluriel : qu'ils aient, ils parlaient, elles prenaient, ils feraient, etc.

OBSERVATIONS.

126. Les verbes en ...*ecer*, ...*eser*, ...*éder*, ...*eler*, ...*éler*, ...*ener*, ...*éner*, ...*érer*, ...*eter*, ...*ever*, prennent un accent grave (*è*) sur l'avant-dernier *e* : je dépèce, tu pèses, il procède, j'appèle, tu révèles, il mène, il aliène, on profère, ils achètent, elles achèvent, etc.

127. On change encore cet *e* ou *é* en *è* à toutes les personnes du PRÉSENT-CONDITIONNEL et du FUTUR : je dépècerais, tu pèseras, il cèderait, nous révèlerions, vous achèteriez, etc.

128. Les verbes dont l'INFINITIF est en *er* ont un *e* muet devant les syllabes *rais, rais, rai, ras, ra, rons, rez, ront, rions, riez, raient* qui terminent le présent conditionnel et le futur : je *parlerais*, tu *louerais*, il *priera*, nous *essaierons*, vous *crieriez*, ils *s'ennuiraient*.

Les verbes qui sont terminés à l'INFINITIF en...*yer*, ou au participe présent en...*yant*, changent *y* en *i* quand cette lettre se trouve devant un *e* muet. Exemple : je *paie*, tu *balaierais*, il *octroiera*, ils *s'ennuieront*, elles *grasseieront*, etc.

129. Le PRÉSENT-SUBJONCTIF et les PASSÉS-IMPARFAITS de tous les verbes, étant terminés, au pluriel, à la première personne et à la seconde, par...*ions*, ...*iez*, on met deux *i* à ces deux personnes au PRÉSENT-SUBJONCTIF et au 1er IMPARFAIT des verbes terminés à l'infinitif en *ier* : nous *priions* ; que vous criiez ; nous vérifiions, que vous vérifiiez, etc.

130. Ceux dont l'INFINITIF est terminé en...*yer*, et ceux dont le participe présent est en *yant* prennent un *i* après *y* à la 1re personne et à la 2e du pluriel, au PRÉSENT SUBJONCTIF, et au passé imparfait : que nous *payions*, que vous *croyiez* ; nous *délayions*, que vous *employiez*, etc.

131. Les verbes en ...*cer* prennent une cédille (ç) sous le *c* devant *a* et *o* : je *lançais*, nous *plaçons*, il *perçait*, elles *commençaient*, etc.

132. Il en est de même des verbes en...*cevoir* devant *u* : je *reçus*, tu *perçus*, il *conçut*, etc.

133. Ceux dont l'INFINITIF est en ...*ger* prennent un *e* devant l'*a* et l'*o* qui suivent le *g* : je *mangeais*, tu *plongeais*, nous *prolongeons*, ils *allongeaient*, etc.

134. Certains verbes, à la forme personnelle, ont pour l'oreille la même terminaison qu'à l'*infinitif* ; ou bien encore qu'au *participe*, mais dont la terminaison réelle est différente, selon la personne ou le temps auquel ils appartiennent. Pour reconnaître si le verbe est à l'INFINITIF, essayez de le remplacer par un INFINITIF en *re* ou en *oir*. Si cette substitution peut avoir lieu, terminez le verbe qui vous embarrasse par *er*. Dans le cas contraire, mettez à la place le même verbe à un autre temps ou à une autre personne. Si ce changement n'altère pas le sens de la phrase, donnez au verbe la terminaison que demande le temps et la personne du sujet. Si au contraire cette substitution dénatu-

rait le sens de la phrase, le mot ne serait plus un verbe mais bien un PARTICIPE. Exemple :

1) Je *chantai* une romance ; 2) il *finit* le travail que tu as *commencé* ; 3) ils *bâtirent* ; 4) vont-ils *bâtir ?* 5) vous *dansez* ; 6) voulez-vous *danser ?* etc.

Chantai est un verbe au PASSÉ DÉFINI, à la première personne. Il est au PASSÉ DÉFINI, parce qu'on peut dire : je chantai, tu chantas, il chanta hier. Il est à la 1re personne parce qu'il indique la personne qui parle. Il se termine par *ai*.

Finit est un verbe parce qu'on peut le remplacer par un autre temps du même verbe. Il FINIRA, il FINISSAIT le travail, etc. Il est à la 3e personne parce que son sujet indique la personne dont on parle. Il se termine pour cette raison par *t*.

Commencé n'est pas un verbe parce qu'on ne peut le remplacer par un autre temps. On ne peut pas dire : il finit le travail que tu as COMMENCERAS, ni que tu as COMMENÇONS. Ce n'est pas non plus un infinitif parce qu'on ne peut pas dire : le travail que tu as FAIRE, ni le travail que tu as RECEVOIR. C'est donc un PARTICIPE.

Bâtirent est un verbe à la 3e personne du pluriel parce qu'on peut le remplacer par un autre temps du même verbe. On peut dire, ils BATIRENT, ou ils BATIRONT. Il est à la 3e personne du pluriel parce que son sujet désigne plusieurs personnes dont on parle.

Bâtir est un verbe à l'infinitif parce qu'on peut dire vont-ils FAIRE ? vont-ils RECEVOIR ?

Dansez est un verbe au PRÉSENT, à la 2e personne du pluriel. Il est au PRÉSENT, parce qu'on peut dire vous DANSEZ au moment de ma parole ; à la deuxième personne pluriel parce que son sujet désigne les personnes à qui l'on parle. Il se termine pour cette raison par *ez*.

Danser est un verbe à L'INFINITIF parce qu'on peut dire voulez-vous FAIRE ? voulez-vous RECEVOIR ? voulez-vous RENDRE ? etc. Il se termine donc par *er*.

Les verbes à la 3e personne du 2e IMPARFAIT sont sujets à être confondus avec les verbes à la 3e personne du PASSÉ DÉFINI. Pour reconnaître si le verbe est à l'IMPARFAIT, on le met à la 1re personne du pluriel. EXEMPLE : Le maréchal de Saxe *voulut* qu'après sa mort on *mît* son corps dans la chaux vive, afin qu'il ne *restât* rien de lui sur la terre.

Voulut est au PASSÉ-DÉFINI, parce qu'on peut dire : NOUS VOULUMES que son corps, etc.

Mît et *restât* sont au 2ᵉ IMPARFAIT parce qu'on peut dire : Le maréchal de Saxe voulut que nous MISSIONS, etc., afin que nous RESTASSIONS, etc.

(Analysez tous les verbes qui se trouvent dans les exercices, pages 30 et 31.)

135. Les PARTICIPES PRÉSENTS sont aussi sujets à être confondus avec des adjectifs qui en sont formés et qui par conséquent ont la même terminaison. Exemple : Des fontaines *coulant* avec un doux murmure, et *charmant* l'oreille par cet agréable bruit, formaient en ces lieux *charmants* des bains aussi purs que le cristal.

Pour distinguer le participe présent de l'adjectif, il faut voir si l'on peut le tourner par un temps du verbe à la forme personnelle, ou s'il a un régime.

Remarque. On appèle régime d'un verbe ou d'un participe, le mot représentant l'être ou l'objet qui reçoit ou souffre l'action faite par le sujet. Il répond à l'une des questions qui ? ou quoi ? placées après le verbe. Alors on l'appèle régime direct. Lorsqu'il répond à l'une de celles-ci : de qui ? de quoi ? à qui ? à quoi ? par qui ? par quoi ? pour qui ? pour quoi ? également placées après le verbe, il est appelé régime indirect.

136. Si le verbe en *ant* ne peut être remplacé par un verbe à la forme personnelle, ou s'il n'a point de régime, on essaie de donner un autre tour à la phrase en ajoutant au mot en *ant* un des temps du verbe être, ou on le remplace par un adjectif bien connu.

Dans la phrase ci-dessus : Des fontaines *coulant* avec un doux murmure, et *charmant* l'oreille par cet agréable bruit, formaient en ces lieux *charmants* des bains aussi purs que le cristal, les mots *coulant* et le premier *charmant* sont des participes présents, parce qu'on peut dire : des fontaines qui coulaient... qui charmaient l'oreille, et qu'ils ont, le premier un régime indirect, le second un régime direct. Le second *charmants* est un adjectif, parce qu'on peut dire : ces lieux qui sont ou qui étaient *charmants*, ou bien encore, parce qu'on peut remplacer ce mot par un autre adjectif... en ces lieux *superbes*, ou en ces lieux *agréables*. Il s'accorde donc avec le nom auquel il se rapporte, tandis que le participe présent reste toujours invariable.

I. EXERCICES.

(L'élève écrira aux trois personnes du singulier et du pluriel les verbes dont la 1re personne est marquée.)

Infinitif bouillir. Participe présent bouillant. Passé bouilli.

Présents. Indic. je bous. Condit. je bouillirais. Subjonc. (que) je bouille. Passés. Définis je bouillis. 1er Imparf. je bouillais. 2e Imparfait (que) je bouillisse. Futur je bouillirai.

Infin. fuir. Part. prés. fuyant. Passé fui.

Présents. Indicat. je fuis. Condit. je fuirais. Subj. que je fuie.

Passés. Défini je fuis. 1er Imparf. je fuyais. 2e Imparf. (que) je fuisse. Futur je fuirai.

Infinit. partir. Part. présent partant. Passé parti.

Présents. Indicat. je pars. Condit. je partirais. Subjon (que) je parte. Passés. Défini je partis. 1er Imparf. je partais. 2e Imparf. (que) je partisse. Futur je partirai.

Infinitif sentir. Part. prés. sentant. Passé senti.

Présents. Indicat. je sens. Condit. je sentirais. Subj. (que) je sente. Passés. Défini je sentis. 1er Imparf. je sentais. 2e Imparf. (que) je sentisse. Futur je sentirai.

Infinit. sortir. Part. Prés. sortant. Passé sorti.

Présents. Ind. je sors. Cond. je sortirais. Subj. (que) je sorte. Passés. Défini. je sortis. 1er Imp. je sortais. 2e Imp. (que) je sortisse. Futur je sortirai.

Infinit. pouvoir. Part. prés. pouvant. Passé pu.

Présents : je peux. Condit. je pourrais. Subj. (que) je puisse. Passés. Défini, je pus. 1er Imparf. je pouvais. 2e Imparf. (que) je pusse. Futur je pourrai.

Infinitif lire. Part. prés. lisant. Passé lu.

Présents. Indicat. je lis. Condit. je lirais. Subj. (que) je lise. Passés. Défini je lus. 1er Imparf. je lisais. 2e Imparf. (que) je lusse. Futur je lirai.

Infinitif paraître. Part. prés. paraissant. Passé paru.

Présents. Indicat. je parais. Condit. je paraîtrais. Subj. (que) je paraisse. Passés. Défini je parus. 1er Imparf. je paraissais. 2e Imparf. (que) je parusse. Futur je paraîtrai.

Infinit. devoir. Part. prés. devant. Passé dû.

Présents. Indic. je dois. Condit. je devrais. Subj. (que) je doive. Passés. Définis je dus. 1er Imp. je devais. 2e Imp. (que) je dusse. Futur je devrai.

Infinitif envoyer. Part. prés. envoyant. Passé envoyé.

Présents. Indicat. j'envoie. Condit. j'enverrais. Subjonc. (que) j'envoie. Passés. Défini j'envoyai. 1er Imparf. j'envoyais. 2e Imparf. (que) j'envoyasse. Futur j'enverrai.

Infinit. ceindre. Part. présent ceignant. Passé ceint.

Présents. Indicat. je ceins. Condit. je ceindrais. Subj. (que) je ceigne. Passés. Défini je ceignis. 1er Imparf. je ceignais. 2e Imparf. (que) je ceignisse. Futur je ceindrai.

II. EXERCICES.

(Ces exercices doivent être écrits sous la dictée, puis chaque verbe, chaque part. prés., ainsi que chaque adjectif verbal doit être analysé comme il est indiqué ci-dessus.)

Dictée. — Un moment avant d'y *arriver*, j'*avais rencontré* sur la route une charrette assez bizarrement chargée. Pour attelage un âne et un cheval. Sur la voiture, des casseroles, des chaudrons, de vieux coffres, des chaises de paille, un tas de meubles; à l'avant, dans une espèce de panier, trois petits enfants presque nus; à l'arrière, dans un autre panier, des poules; pour conducteur, un homme en blouse, à pied, *portant* un enfant sur son dos; à quelques pas, une femme *marchant* aussi, et *portant* aussi un enfant. Tout ce déménagement se *hâtait* vers Montmirail, comme si la bataille de 1814 *allait recommencer*. — Oui, me *disais*-je, on *devait rencontrer* ici de ces charrettes-là il y a vingt-cinq ans. Je me *suis informé*, ce n'*était* pas un déménagement. . . . .

Du reste, ces braves gens s'en *allaient* avec une parfaite insouciance.

. . . .

Je les *ai suivis* quelque temps des yeux. Où *allait* ce petit groupe cahoté et *trébuchant*? Où *vais*-je moi-même? La route *tourna*, ils *disparurent*. *J'entendis* encore quelque temps le fouet de l'homme et la chanson de la femme.

(V. HUGO.)

C'est une tristesse noire qui *ronge* ces criminels : ils *ont* horreur d'eux-mêmes ; et ils ne *peuvent* non plus se *délivrer* de cette horreur que de leur propre nature. Ils *voient* sans cesse leurs fautes dans toute leur énormité ; elles se *présentent* à eux comme des spectres horribles ; elles les *poursuivent*.

(FÉNELON.)

Je *préfère* la civilité des Grecs à celle des autres peuples, parce qu'elle *est* plus simple et moins *fatigante*.

C'est une égalité d'âme qui *exclut* en même temps l'insensibilité et le trop d'empressement.

C'est une douce condescendance, au moyen de laquelle nous nous *accommodons* au goût de chacun, non pas pour *flatter* ses passions, mais pour *éviter* de les *irriter*.

(RAMSAY.)

Embellissons de bonne heure ma retraite, *rendons*-la douce autant qu'honorable, et *sacrifions* à ma fille, qui *est* tout pour moi, cette multitude étrangère, à qui, dans peu, je ne *serai* plus rien. (MARMONTEL.)

Je ne vous *fais* pas compliment sur la prise de Philipsbourg: vous *aviez* une bonne armée, des bombes, du canon, et Vauban;.... mais je me *réjouis* de ce que vous *êtes* libéral, généreux, humain, et de ce que vous *savez récompenser* les services de ceux qui se *comportent* bien.

(Mme DE SEVIGNÉ.)

Qu'*as*-tu fait dans ce tumulte affreux, chère âme de ma vie? O mon cher Aza! que tes jours *soient* sauvés, et que je *succombe*, s'il le *faut*, sous les maux qui *m'accablent*... Où es-tu? Que fais-tu? Si ma vie t'est chère, *instruis-moi* de ta destinée. (Mme DE GRAFFIGNY.)

L'image du soleil foulée aux pieds des soldats furieux, *poursuivant* nos vierges, et *massacrant* tout ce qui *s'opposait* à leur passage, nos Mamas (vierges du soleil) *expirantes*, et dont les habits *brûlaient* encore du feu de leur tonnerre. (*La même*.)

Tu *as* voulu que nos divins philosophes *ornassent* mon entendement de leurs sublimes connaissances.

Il le *fixa* longtemps dans un morne repos,
Rompt son affreux silence, et *commence* en ces mots.

(DELILLE.)

Si je *suis* quelque chose, ce quelque chose *sort* de vos mains. Il n'*était* point, et par vous il *a* commencé. Il *sort* de vous, et il *veut retourner* à vous. *Recevez* donc ce que vous *avez* fait : *reconnaissez* votre ouvrage. *Périssent* tous les faux dieux qui *sont* les vaines images de votre grandeur! *Périsse* tout être qui *veut être* pour soi-même, ou qui *veut* que quelque autre chose *soit* pour lui! *Périsse*, *périsse* tout ce qui n'*est* point à celui qui *a* tout fait!...

Mais où *est*-il donc? n'*est*-il nulle part? Je *réponds* qu'il n'*y a* point de lieu particulier pour lui. (FÉNELON.)

Plus d'un tyran *serait* peut-être devenu un bon roi, si la flatterie n'*eût* pas endurci son cœur dans le crime, et n'*eût* pas approuvé ses injustices.

L'empire de l'homme sur les animaux n'*est* pas absolu; combien *savent* se *soustraire* à sa puissance par la rapidité de leur vol, par la légèreté de leur course, par l'obscurité de leur retraite, par la distance que *met* entre eux et l'homme l'élément qu'ils *habitent!* Combien d'autres lui *échappent* par leur seule petitesse! Combien enfin l'*attaquent* à force ouverte! (BUFFON.)

Une vingtaine de petites filles, conduites par une religieuse, *vinrent*, les unes *s'asseoir*, les autres *folâtrer* auprès de nous. (J.-J. ROUSSEAU.)

C'est une chose bien fâcheuse qu'il *faille* être malheureux pour bien *connaître* ses amis.

Les peuples *savent* assez et *voient* souvent que les souverains *peuvent* se *tromper*; mais ils *voient* rarement qu'ils *sachent* convenir de leur méprise.

VIII.

PARTICIPE.

(Le *participe* présent étant toujours invariable, comme nous l'avons démontré à la fin du chapitre précédent, nous ne nous occuperons dans le suivant que du *participe passé*.)

137. Le participe est un adjectif qui vient du verbe : *porté, bâti, reçu, rendu, offert, acquis, couru, bu, rompu, assis, pu, valu.*

138. On le reconnaît comme l'adjectif, en y ajoutant le mot personne ou objet. Ainsi :

Porté, est un participe parce qu'il vient du verbe, je porte, tu portes, et qu'on peut dire une personne portée, un objet porté.

Bâti, est un participe parce qu'il vient du verbe, je bâtis tu bâtis, et qu'on peut dire un objet bâti.

Reçu, est un participe parce qu'il vient du verbe, je reçois, je reçus, et qu'on peut dire une personne reçue, etc.

139. Les participes sont terminés par *é, i, u, s, t.*

140. Pour connaître la dernière lettre d'un participe,

2.

on y ajoute un nom féminin. Ainsi, *porté* se termine par *é*, parce qu'on dit une *robe portée*. *Fini* par *i*, parce qu'on dit une *lecture finie*. *Vendu* par *u*, parce qu'on dit une *chose vendue*. *Clos*, *commis*, *assis*, se terminent par *s*, parce qu'on dit une *porte close*, une *faute commise*, une *femme assise*. *Écrit* se termine par *t*, parce qu'on dit *une lettre écrite*, etc.

ACCORD DU PARTICIPE.

141. Le participe s'accorde avec le nom ou pronom auquel il se rapporte, ou il reste invariable suivant la place qu'il occupe dans la phrase ou le verbe dont il est accompagné.

142. **Règles.** Le participe n'étant accompagné ni du verbe *avoir* ni du verbe *être*, s'accorde comme l'adjectif avec le nom ou le pronom auquel il se rapporte.

EXEMPLES.

Que de scandales *évités*, que de crimes *prévenus*, que de faibles *conservés*, que de justes *affermis*, etc.

Il y a des sottises bien *habillées* comme il y a des sots bien *vêtus*.

143. Accompagné du verbe être, il s'accorde avec le sujet du verbe.

L'homme est *né* pour souffrir, il est *né* pour changer.

Elle fut *touchée* de ce malheur. — On eût dit que cette obscure demeure était *destinée* par le ciel à devenir le berceau d'une autre Rome.

144. Le participe accompagné du verbe avoir s'accorde avec son régime, lorsque ce régime est placé avant le participe. Exemples :

Voilà les vérités que j'ai à traiter, et que j'ai *crues* dignes d'être *proposées* à un si grand prince.

145. Le participe, accompagné du verbe avoir et non précédé du régime direct, reste invariable. Exemples :

Cette veuve respectable avait *consacré* à l'éducation de sa fille les plus belles années de sa vie. — Voici quel avait *été* son calcul dès l'âge de vingt-cinq ans.

(MARMONTEL.)

Personne n'eût *parlé* mieux que lui, s'il avait su ce qu'il allait dire. (*Idem.*)

Il connaissait quelqu'un qui avait *refusé* d'être sur la liste, et qui aurait *supplanté* tous ses rivaux, s'il *avait voulu* s'en donner le soin. (*Idem*.)

146. Le participe d'un verbe unipersonnel, c'est-à-dire, qui ne s'emploie qu'à la troisième personne du singulier, reste toujours invariable : Les mauvais temps qu'il a *fait*.

147. Le participe d'un verbe pronominal s'accorde avec son sujet quand on peut supprimer le pronom-régime sans que les sens de la phrase soit altéré par cette suppression. Exemples :

Ils (se) sont *endormis*. Cette dame (s') *est* toujours *occupée* des malheureux. — Plusieurs hommes (se) *sont enfermés* dans cette chambre. — Cette jeune personne (s') est *levée* avant le jour, etc.

Remarque. On appelle verbe pronominal celui dont le sujet et le régime représentent la même personne. Les participes des verbes pronominaux sont toujours accompagnés du verbe *être*.

148. Le participe d'un verbe pronominal reste invariable lorsqu'on ne peut supprimer le pronom-régime sans nuire au sens de la phrase. Exemples :

Ils *se* sont *fait* cette question. — Cette dame *s'est* toujours *plu* à soulager les malheureux. — Plusieurs hommes *se* sont *fait* enfermer dans cette chambre. — Ces jeunes personnes *se* sont *imaginé* qu'on les blâmerait. — Les événements *se* sont *succédé* avec rapidité. — Ces hommes *se* sont *arrogé* tous les droits. Etc.

Dans ce cas, le verbe *avoir* est à la place du verbe *être*; et le participe s'accorde avec son régime direct s'il en est précédé. Exemple :

Toutes les peines que je me suis *données* ont été inutiles.

149. Le participe précédé du mot *en* signifiant de *lui*, d'elle, d'*eux*, d'elles, de *cela*, reste invariable s'il n'est précédé d'un autre régime direct. Exemple :

Vous avez cueilli des fruits, et vous en avez *donné* à vos amis.

150. Mais s'il est précédé d'un autre régime direct, le participe s'accorde avec celui-ci. Exemple :

J'ai longtemps demeuré chez monsieur votre père, et je lui serai toujours reconnaissant des bons *conseils que* j'en ai *reçus*.

151. Le participe placé après *le peu de...*, signifiant le manque, reste invariable. Exemples :

C'est au peu d'attention que vous avez *apporté* à l'étude que vous devez votre peu de savoir. — Le peu de soins qu'on a *donné* à ce malade a fait que sa maladie s'est aggravée.

152. Lorsque *le peu de...* signifie une petite quantité, mais suffisante, le participe s'accorde avec le nom qui suit *le peu de....* Exemple :

C'est au peu de soins que ce malade a *reçus* de nous qu'il doit son prompt rétablissement.

153. Les participes : *excepté*, *supposé*, *attendu*, *vu*, *ouï* et quelques autres restent invariables lorsqu'ils sont placés avant les mots auxquels ils se rapportent.

154. Le participe *coûté* reste invariable quand on ne peut le remplacer par *causé :*

Je ne regrette point les sommes que votre éducation m'a *coûté*.

Mais lorsque *coûté* peut être remplacé par *causé*, il s'accorde avec son régime : Les larmes que cette séparation m'a *coûtées* (m'a causées).

EXERCICES SUR LES PARTICIPES.

Toutes les dignités que tu m'as *demandé*,
Je te les ai sur l'heure et sans peine *accordé*.
(CORNEILLE.)

Abandonné de l'univers et n'ayant pour elle que ses actions, l'âme comparaît devant le tribunal redoutable de Dieu.

La laie suffit aux besoins sans cesse *renaissant* de ses nourrissons. (ROSSET.)

Je crois vous plaire mieux par une ingratitude *recherché* que par une reconnaissance trop commune.
(SAINT-EVREMONT.)

Je n'aurais jamais *consenti*, monseigneur, que monsieur de Sacy vous eût *montré* les occupations de mon plaisir, si ce n'était vous mettre sous les yeux vos principes et les sentiments que j'ai *pris* dans vos ouvrages; personne ne s'en est plus *occupé* et n'a *pris* plus de soin de se les rendre propres.

J'ai *trouvé* dans Télémaque les préceptes que j'ai *donné*

à mon fils, et dans l'Education des Filles les conseils que j'ai *donné* à la mienne. (Mme DE LAMBERT.)

Avide et *réclamant* une part du festin,
Bientôt vole après lui, de sueur *dégouttant*,
Brûlant de fureur et de soif *hâletant*,
La meute aux cris aigus, aux yeux *étincelant*;
L'onde à peine suffit à leurs gosiers *brûlant*.
(DELILLE.)

Toutes vos dettes sont *payés*, vous pouvez vivre délicieusement sans en faire de nouvelles.
(Mme DE MAINTENON.)

L'usage des cloches est chez les Chinois de la plus haute antiquité; nous n'en avons *eu* en France qu'au sixième siècle de notre ère. (VOLTAIRE.)

Les Numantins qui eurent avis et qui furent *instruit* du peu de précautions qu'ils avaient *pris*, les poursuivirent à propos. (SAINT-RÉAL.)

On y voit des hommes qui se sont *acquis* une gloire immense par la grandeur de leurs exploits, qui se sont *immortalisé* par l'influence qu'ils ont *eue* sur les événements du monde; des conquérants qui se sont *soumis* des peuples et des nations entières; des tyrans qui, *dévorés* par la soif des richesses et de la gloire, se sont *fait* un jeu de sacrifier le bonheur des hommes à leur ambition démesurée.

Telle fut la reine dans tout le cours de sa vie. Dieu l'a *élevé* sur le trône afin qu'elle honorât la religion, et *uni* au plus grand roi du monde afin que sa vie fût plus *admirée*. Elle suivit sa vocation : jamais vie ne s'est *montré* plus régulière, et n'a été plus *approuvé*. Lui est-il *échappé* quelques indiscrétions dans sa jeunesse? Sa beauté n'a-t-elle pas *été* sous la garde de la plus scrupuleuse vertu? A-t-elle *aimé* qu'on la louât contre la vérité, ou qu'on la divertît aux dépens de la charité chrétienne? A quelle espèce de ses devoirs, publics ou particuliers, de la religion ou domestiques, a-t-elle *manqué*?

Le peu de larmes que vous avez *versé* lors de votre séparation d'avec vos frères et vos sœurs, que vous aimez cependant sincèrement, me fait espérer que vous supporterez leur absence avec résignation.

IX.

MOTS INVARIABLES.

155. Les mots invariables sont ceux qui ne sont ni nom, ni adjectif, ni pronom, ni verbe, ni participe: *Dans, quand, quant (à), ô! oh! ah! hélas! entre, pendant, néanmoins, sur, dessus, sous, sans, hors, dehors, lors, lorsque*, etc.

156. On les appelle mots invariables parce qu'ils ne subissent aucun changement.

(Extraire les mots invariables qui se trouvent dans les exercices précédents.)

SECONDE PARTIE.

ORTHOGRAPHE DITE D'USAGE.

I.

TERMINAISONS DE TOUTE ESPÈCE DE MOTS.

157. Les mots se terminent d'après la formation, la dérivation, la prononciation ou l'usage.

158. *...ard*

Termine, 1° les mots formés de mots plus courts, soit nom, adjectif ou verbe.

EXEMPLES.

Richard, *traînard*, *étendard*, *nasillard*, *brassard*,
de riche, traîne (v.), étend (v.), nasille (v.), bras,
cuissard, etc.
cuisse, etc.

2° Les mots qui font entendre *d* dans la dérivation.

EXEMPLES.

Hasard, *renard*, *lard*, *campagnard*, *lézard*, etc.
de hasarder, renardière, larder, campagnarde, lézarder, etc.

3° Lorsque la syllabe *ard* est précédé de *c*, *d*, *n*, *l*, *y*.

EXEMPLES.

Brocard (quolibet), canard, billard, liard, fuyard, Savoyard, et les mots homard, houssard, boulevard.

EXCEPTÉ.

Car, brocart (étoffe), broquart (bête fauve), hospodar.

159. *...art*

Termine, 1° les mots : hart, rempart.

2° Quand la dérivation fait sentir *t*.

EXEMPLES.

Art, *part*, *quart*, etc.
dériv. artiste, partage, quartier, etc.

160. ...*ar*

Termine les autres mots.

EXEMPLES.

Bazar, *cauchemar*, *char*, *czar*, *hangar*, *nectar*, *nénuphar*, etc.

161. ...*arre*

Termine les mots : *bagarre*, *barres* (jeu), *barre*, *bécarre*, *bizarre*, tous les mots en ...*marre* (excepté *mare* d'eau); *contrecarre*, *narre* (verbes).

162. ...*arc*.

Tous les autres mots.

EXEMPLES.

Avare, *fanfare*, *tiare*, *tare*, etc.

163. ...*at*

Termine, 1° les mots : *achat*, *crachat*, *ducat*, *état*, *entrechat*, *goujat* (ou gouja), *incarnat*, *odorat*, *sabbat*, *chocolat*, *grabat*.

2° Ceux qui font entendre *t* dans la dérivation :

EXEMPLES.

Candidat,	*célibat*,	*chat*,	*combat*,
de candidature,	célibataire,	chatte,	combattant,
ingrat, etc.			
ingratitude, etc.			

3° Ceux qui sont formés d'un mot plus court.

EXEMPLES.

Consulat,	*format*,	*triumvirat*,	*externat*,	*pensionnat*, etc.
de consul,	forme,	triumvir,	externe,	pension, etc.

4° Ceux qui sont formés d'un verbe par le changement de la dernière syllabe.

EXEMPLES.

Résultat,	*assassinat*,	*assignat*, etc.
de résulter,	assassiner,	assigner, etc.

5° Les noms d'état, de dignité, d'actes publics et de délit.

EXEMPLES.

Avocat, *magistrat*, *certificat*, *attentat*, etc.

164. ...*ât*

Termine, 1° le mot *dégât*.

2° Les dérivés des verbes en ...*âter*.

EXEMPLES.

Bât, *appât*, *mât*.
de bâter (un âne), appâter, mâter (un navire).

165. ...*as*

Termine, 1° les mots : *galimatias*, *cabas*, *bas*, *galetas*, *canevas*.

2° D'après la prononciation ou la dérivation : *as*, *hélas*, *atlas*, *ras*, etc.

3° Après *l*, *m*, *n*, *p*, *r*.

EXEMPLES.

Coutelas, *cervelas*, *amas*, *cadenas*, *ananas*, *compas*, *appas* (charmes), *embarras*, *plâtras*, etc.

EXCEPTÉ.

Almanach, bah ! là, holà, cela, voilà, estomac, plat.

166. ...*a*

Termine les autres mots. (Excepté tabac.)

167. ...*ace*

Termine 1° les noms suivants : *audace*, *face*, *espace*, *grâce*, *dédicace*, *glace*, *place*, *populace*, *préface*, *race*, *surface*, *contumace*, *fallace*, *carapace*, *grimace*, *limace*, *menace*, *trace*; et les verbes qui en sont formés : tracer, effacer, glacer, menacer, etc.

2° Tous les adjectifs.

EXEMPLES.

Vivace, *vorace*, *efficace*, *coriace*, *rapace*, etc. Excepté savantasse, cocasse, bonasse, *grasse*, *basse*, *lasse* (adjectifs féminins de gras, bas, las).

168. ...*asse*

Termine 1° les noms formés de verbes par le changement de la dernière syllabe.

EXEMPLES.

de *Filasse*,	*mélasse*,	*lavasse*,	*crevasse*,	etc.
filer,	mêler,	laver,	crever,	etc.

2° Les autres mots :

EXEMPLES.

Nasse, *masse*, *paperasse*, *potasse*, *terrasse*, *chasse*, *classe*, *impasse*, etc.

... *arce* et ...*arse.*

...*Arce* termine les mots après *g* et *f*, ... *arse* les mots tarse, métatarse, comparse (de théâtre).

169. ...*ai*

Termine 1° les noms *caravenserai* (ou rail), *geai* (oiseau), *mai* (mois de), *quai*. (Excepté : *jais* espèce de verre ou de bitume.)

2° Les adjectifs : *bai* (couleur), *lai* (laïque), *vrai*, *gai*.

3° Les noms dérivés de verbes en *ayer*.

EXEMPLES.

Essai,	*balai*,	*délai*,	*étai*,	etc.
essayer,	balayer,	délayer,	étayer,	etc.

Excepté relais.

170. ...*aie*

Termine d'après la prononciation tous les mots féminins.

EXEMPLES.

Claie, *laie*, *craie*, *ivraie*, *orfraie* (oiseau), *aunaie*, *chênaie*, *étaie*, *futaie*, *monnaie*, etc. (Excepté la paix.)

171. ...*er.*

Termine 1° les noms après *ch*, *g*, *i*, *ill*, *y*.

EXEMPLES.

Pêcher (arbre), rocher, verger, poirier, chevalier, conseiller (nom et verbe), cornouiller, foyer, etc. Excepté clergé, congé, marché, évêché, péché, duché, périgée.

2° Les verbes à l'INFINITIF.

EXEMPLES.

Aimer, parler, chanter, danser, presser, etc.

172. ...*ez*

Termine les mots : rez (de chaussée), nez, assez.

173. ...*ée*

Termine 1° les noms masculins suivants : *athée*, *apogée*, *périgée*, *colisée*, *élysée*, *pygmée*, *lycée*, *mausolée*, *trophée*, *coryphée*.

2° Les noms féminins formés d'un mot plus court.

EXEMPLES.

	Coudée,	*brassée*,	*cuillerée*,	*hottée*,	*assiettée*,
de	coude,	bras,	cuiller,	hotte,	assiette,

bouchée, *pellée* ou *pelletée*, etc.
bouche, pelle, etc.

3° Ceux qui sont formés d'un verbe par le changement de la dernière syllabe.

EXEMPLES.

(La) *portée,* *traînée,* *veillée,* *entrée,* *menée,*
de porter, traîner, veiller, entrer, mener,
bourrée, etc.
bourrer, etc.

4° Les noms féminins suivants : *rosée, scarabée* (insecte), *chaussée, maréchaussée,* (la) *curée, panacée, idée, fée, dragée, escourgée, graminée, guinée, haquenée, épée, prytanée, mosquée, chicorée, diarrhée, corvée, billevesée, fusée, giroflée.*

174. ... *ais*

Termine 1° les mots : *dais, frais, désormais, palais, marais, laquais, panais, ais* (planche), *mais* (*mot* invariable), *Alais, jamais.*

2° Les noms de peuples.

EXEMPLES.

Français, Anglais, *Hollandais*, *Bordelais*, *Irlandais*, etc.

3° Ceux qui, dans la dérivation font sentir *s.*

EXEMPLES.

Rabais, biais, engrais, etc.
rabaisser, *biaiser,* *engraisser,* etc.

175. ... *ait*

Termine 1° les adjectiff *stupéfait, imparfait.*

2° Les participes dont le féminin est en *aite.*

EXEMPLES.

Fait, contrefait, extrait, soustrait, etc.

3° D'après la dérivation les noms : *lait, souhait, fait, trait,* et leurs composés :

Forfait, bienfait, portrait, retrait, etc.
(Excepté faix, laid, legs, très.)

... *air*

Termine les mots : air, clair, chair, pair (nom et adjectif masculin), éclair, impair.

176. ...*ert*

Termine 1° les noms *concert*, *dessert*, *convert* (de table).

2° Les adjectifs et les participes dont le féminin fait *erte*.

EXEMPLES.

Expert, disert, désert, couvert, vert, souffert, etc.

177. ...*er*

Les autres mots tant masculins que féminin où *r* se prononce.

EXEMPLES.

Hier, (le) ver, enfer, cancer, hiver, fer, cuiller, mer, amer.

(**Excepté** : air, envers, vers, revers, clerc.)

178. ...*aire*

Termine tous les mots, soit masculins, soit féminins.

EXEMPLES.

Aire, chaire, haire (cilice), paire, secrétaire, notaire, antiquaire, reliquaire, vulnéraire, mandataire, repaire, révolutionnaire, etc.

EXCEPTÉ 1° les mots : *ère*, *hère*, *cimetière*, *artère*, *clystère*, *fougère*, *père*, *mère*, *frère*, *cerbère*, *litière*, *enchère*, *civière*, *bière*, *réverbère*, *panthère*, *guère*, *derrière*, *aiguière*, *ministère*, *vipère*, *arrière*, *embarcadère*, (bonne) *chère*, *rivière*, *lisière*, *barrière*, *paupière*.

2° Les mots qui font sentir *é* dans la dérivation.

EXEMPLES.

Austère, *cautère*, *chimère*, *sphère*, etc.

Dér. austérité, cautériser, chimérique, sphéricité, etc.

3° Les mots féminins formés du masculin par l'addition d'un *e*.

EXEMPLES.

Altière, messagère, passagère, vachère, pâtissière, etc.

Remarque. Les mots en ...*quaire* formés d'un mot plus court en *que*, conservent le *qu* : antiquaire, reliquaire, etc.

Excepté bibliothécaire, hypothécaire.

179. ...*erre*

Termine les mots : *verre*, *guerre* (la), *pierre*, *cimeterre*,

terre, *parterre*, *tonnerre*, *lierre*, *serre* (nom et verbe), *équerre*.

180. ...*ès*

Termine les mots 1° d'après la prononciation.

EXEMPLES.

Aspergès, kermès, aloès, etc.

2° D'après la dérivation ou l'usage, tous les mots où la syllabe *ès* est précédé des lettres *c*, *g*, *pr*.

EXEMPLES.

Abcès, succès, progrès, congrès, après, auprès, exprès, etc.

Excepté cep (de vigne), engrais, prêt (adjectif), apprêt (nom).

181. ...*êt*

Termine 1° les mots: forêt, prêt (adject.), protêt, intérêt, têt (crâne), benêt, genêt. (Excepté taie, nom féminin.)

2° Les mots dérivés des verbes en *êter*.

EXEMPLES.

	Prêt (nom),	*apprêt* (nom),	*arrêt*,	*acquêt*,	etc.
Dér.	prêter,	apprêter,	arrêter,	acquêter,	etc.

182. ...*et*

Termine tous les autres mots.

EXEMPLES.

Bonnet, *banquet*, *brochet*, *beignet*, *préfet*, *duvet*, *baudet*, etc. (Excepté : *suspect*, *aspect*, *respect*.)

183. ...*èse*

Termine 1° *dièse*, *diocèse*.

2° Les verbes en ...*eser* et ...*éser*.

EXEMPLES.

Je *pèse*,	il *empèse*,	on *lèse*.
de peser,	empeser,	léser. Excepté niaise.

3° Tous les mots en ...*nèse*, ...*thèse*, ...*rèse*.

EXEMPLES.

Péloponèse, *Genèse*, *antithèse*, *parenthèse*, *catachrèse*, *syndérèse*, etc. (Excepté *fournaise*, *punaise*, *mortaise*, *treize*.)

184. *...eize*

Termine les adjectifs de nombre *seize, treize.*

185. *...aise*

Termine tous les autres mots.

EXEMPLES.

Aise, chaise, fraise, glaise, fadaise, etc.

186. *...aite*

Termine 1° les mots féminins en *...aite* formés des masculins par l'addition de *e.*

EXEMPLES.

Extraite, défaite, soustraite, etc.
Dér. extrait, défait, soustrait, etc.

2° Les suivants : *entrefaite, retraite, laite* (de poisson), *traite.*

187. *...iette, ...uette, ...ouette*

Terminent tous les mots.

EXEMPLES.

Assiette, muette, girouette, bluette, chouette, etc. Excepté diète.

188. *...ète*

Termine les mots : *athlète, anachorète, interprète, escopète, planète.*

189. *...ête*

Les autres mots.

EXEMPLES.

Fête, tête, crête, quête, tempête, honnête, conquête, etc.
Excepté *faîte* (sommet).

190. *...erse*

Termine tous les mots.

EXEMPLES.

Verse, traverse (nom et verbe), *herse, Perse*, etc.
(Excepté *tierce* et les verbes *berce, gerce, perce, exerce, commerce*, et les noms qui en sont formés, ainsi que leurs composés et leurs dérivés.)

191. *...èce*

Termine les mots : *espèce, pièce nièce, dépèce.*

192. *...aisse*

Termine les verbes.

Laisse, naisse, paisse, connaisse et leurs composés. Excepté *blesse, acquiesce, intéresse.*

193. *... esse*

Termine tous les autres mots.

EXEMPLES.

Cesse, comtesse, négresse, duchesse, altesse, etc.
Excepté *vesce* (graine).

194. *... ède* et *...ègle*

Terminent tous les mots.

EXEMPLES.

Remède, règle, sègle et *seigle,* etc.
Excepté *aigle, aide* et *plaide.*

195. *... ége*

Termine tous les mots.

EXEMPLES.

Privilége, collége, piége, protége. (Excepté neige.)

196. *... aigre*

Termine les mots *aigre, vinaigre, maigre.*

197. *... ègre*

Tous les autres mots.

EXEMPLES.

Nègre, allègre, intègre, etc.

198. *... èle*

Termine 1° les mots *zèle, modèle, erysipèle, parallèle.*
2° Le verbe en *...eler ...èler, ...éler.*

EXEMPLES.

(Je) *nivèle,* (il) *grèle,* etc. Excepté ceux en *eller,* (je) *querelle,* il *excelle,* tu *emmielles,* on *mêle.*

199. *... êle*

Termine les mots *grêle, frêle, pêle, pêle-mêle, poêle.*

200. *... elle*

Tous les autres mots.

EXEMPLES.

Nouvelle, bretelle, chapelle, (il) *renouvelle, bretelle, jumelle*, etc. Excepté *aile*.

201. ...*ême*.

Termine les mots : *baptême, blasphême, chrême* (nom masculin), *crême* (nom féminin), *emblême, extrême, même, carême*.

202. ...*ème*

Termine tous les autres mots.

EXEMPLES.

Deuxième, thème, problème, système, etc., excepté dilemme, *aime* (verbe).

II.

203. ...*ir*

Termine 1° les mots : *décemvir, désir, élixir, plaisir, repentir* (le), *souvenir* (le), *soupir, visir* et quelques autres; 2° les verbes en *tenir, venir, courir, cueillir, sortir... querir, sentir, mentir, dormir, fuir, faillir, offrir, couvrir, bouillir*; 3° Ceux dont le participe présent fait ...*issant : fournir, blanchir, finir*, etc.

204. ..*ire*

Termine 1° les mots: *cire, délire, empire, messire, sire, navire, pire, satire, tirelire, vampire*, et quelques autres; 2° les verbes *bruire, frire, rire*; 3° ceux dont le participe présent est en ...sant (prononcez *zant*) : *Circoncire, confire, dire, élire*, etc., et ceux dont le participe présent est en ...vant : *écrire, transcrire, décrire*, etc.

205. ...*yr*

Termine martyr, zéphyr.

206. ...*yre*

Termine : *collyre, lyre, martyre, myrrhe* (gomme), *porphyre*.

207. ...*is*

Termine 1° les mots : *abattis, bris, châssis, chènevis, débris, glacis, hormis, panaris, pilotis, salmis, salsifis, surplis, tapis, treillis, vis, vis-à-vis, brebis, souris, ris*.

2° D'après la prononciation les mots : *bis* (répétition), *cassis* ou *cacis*, *gratis*, *lis*.

3° D'après la dérivation.

EXEMPLES :

Lambris, *commis*, *acquis*, *compromis*, etc.
Lambriser, commise, acquise, compromise, etc.

4° Les noms formés de verbes par le changement de la dernière syllabe du verbe en *is*.

EXEMPLES :

Logis, *cliquetis*, *coulis*, *fouillis*, *sursis*, etc.
De loger, cliqueter, couler, fouiller, surseoir, etc.

208. ...*it*

Termine 1° les mots : acabit, habit, aconit, esprit, appétit, circuit, conflit, délit, granit, déficit, manuscrit.

2° D'après la dérivation.

EXEMPLES :

Acquit, *crédit*, *maudit*, *petit*, *débit*,
De acquitter, créditer, maudite, petite, débiter,
dépit, *proscrit*, etc.
dépiter, proscrite, etc. (Excepté *abri*.)

209. ...*ie*

1° Les noms masculins suivants : *génie*, *incendie*, *impie*.

2° Tous les noms féminins.

EXEMPLES.

Amnistie, *orgie*, *galerie*, *frénésie*, etc., excepté *fourmi*, *merci*, *brebis*.

210. ...*i*

Tous les autres mots.

EXEMPLES.

Apprenti, *pari* (un), *alibi*, *parmi*, *blanchi*, *fini*, etc., Excepté *riz* (légume), *fils*, *prix*, *crucifix*, *pis*, *six* (adj.).

211. ...*ice*

Termine 1° les mots suivants : *exercice*, *prémice* (premier fruit), *service*, *vice*, *novice*, excepté *prémisses*.

2° Après *d*, *f*, *l*, *p*, *r*, *t*.

EXEMPLES.

Appendice, *immondice*, *bénéfice*, *artifice*, *calice*, *malice*, *précipice, auspice, hospice, actrice, caprice, justice, solstice*, etc. (Excepté *lisse*, adj. et verbe), *coulisse*, *éclisse*, *mélisse*, *pelisse*, *réglisse*, *glisse* (verbe).

212. ... *isse*

Termine les verbes et autres mots.

EXEMPLES.

(que je) *Vendisse*, *finisse*, etc., *saucisse*, *jaunisse*, *génisse*, *esquisse*, *écrevisse*, etc.

213. ... *ord* et ... *ort*

Terminent 1° les mots qui font entendre *d* ou *t* dans la dérivation.

EXEMPLES.

Accord, *bord*, *port*, *rapport*, *fort*, *mort*, etc.

2° Les mots : *d'abord*, *babord*, *tribord*, *lord*, *nord*, *effort*, *ressort*, *sort*, *tort*, *raifort* (plante).

214. ... *or*

Termine tous les autres mots.

EXEMPLES.

Or, *cor*, *trésor*, *major*, *mentor*, *castor*, *corridor*, etc. (Excepté *corps*, *hors*, *lors*, *mors*, *remords*, *tors*.)

215. ... *os*

Termine 1° les mots : *enclos*, *gros* (poids), *héros*, *avant-propos*, *propos*.

2° D'après la dérivation.

EXEMPLES.

Os, *éclos*, *propos*, *repos*, etc.

Dér. ossu, éclose, proposer, reposer, etc.

216. ... *ôt*

Termine 1° les mots en ... *tôt* : *bientôt*, *tantôt*, et *rôt*, *entrepôt*, *prévôt*. (Excepté *étau*, *taux*, *liteau*.)

2° Les mots dérivés des verbes en ... *oser* :

Dépôt, suppôt, impôt, etc.

De déposer, supposer, imposer, etc. (Ex. *propos*, *repos*).

217. ... *ot*

Termine 1° le mot *dot*; 2° lorsque cette finale est précédée de : *b*, *c*, *ch*, *g*, *h*, *l*, *m*, *n*, *p*, *s*.

EXEMPLES.

Jabot, sabot, tricot, calicot, manchot, cachot, bigot, gigot, cahot, vieillot, matelot, mot, marmot, canot, pot, sot, etc. (Excepté *corbeau, Escaut, artichaut, vertigo, piano, écho, veau, seau* (à eau), *saut* (bond), *sceau* (cachet), *assaut, sursaut.*

218. ...*oc*

Termine les mots masculins d'après la prononciation ou la dérivation.

EXEMPLES.

Acroc, bloc, broc, choc, froc, roc, soc, etc., excepté *coq.*

219. ...*oque*

Termine 1° les adjectifs et les noms féminins.

EXEMPLES.

Baroque, équivoque, coque, réciproque, etc.

2° Les noms masculins suivants : *colloque, phoque, soliloque, ventriloque.* (Excepté *socque* (chaussure).

220. ...*aud*

Termine 1° les mots : pétaud, réchaud ;

2° Ceux qui font entendre *d* dans la dérivation.

EXEMPLES.

	Chaud,	*badaud,*	*clabaud,*	*grimaud,*	(petit collé-
Dér.	chaude,	badaude,	clabauder,	grimande,	gien),
	échafaud,	etc.			
	échafaudage,	etc.			

221. ...*eau*

Termine 1° les mots formés de mots plus courts et servant à désigner des individus plus petits.

EXEMPLES.

	Friponneau,	*dindonneau,*	*jambonneau,*	*baleineau,*
De	fripon,	dindon,	jambon,	baleine,
	arbrisseau,	*souriceau,*	etc.	
	arbre ;	souris,	etc.	

2° Les autres noms après une consonne.

EXEMPLES.

Corbeau, baliveau, cerneau, chameau, bouleau, peau, etc. (Excepté *burgau, unau, étau, pilau, héraut, faux, chaux, piano, défaut.*)

3° Le mot *eau* (fém.).
4° Ceux qui font entendre *e* dans la dérivation.

EXEMPLES.

Tableau, *château*, *ruisseau*, *chapeau*, *appeau*, *peau*,
Dér. tablette, châtelaine, ruisseler, chapelier, appeler, peler.

222. ...*au*

Termine 1° les mots après une voyelle.

EXEMPLES.

Gruau, *noyau*, *tuyau*, *joyau*, *boyau*, etc.
Excepté *duo*, *folio*, *idiot*, *cacao*.

223. ...*o*

Termine les mots : *bravo*, *écho*, *vertigo*, *memento*, *incognito*, *zéro*, *numéro*, *hoho!* *indigo*, *quiproquo*.

224. ...*auce*

Termine le mot *sauce* (nom et verbe).

225. ...*ausse*

Termine les mots : *fausse* (adjec. fém. et verbe), *chausse*, *hausse* (noms et verbes) et leurs composés, excepté *fosse* et dérivés.

226. ...*oce*

Termine 1° les noms négoce, sacerdoce, noce ;
2° Les adjectifs.

EXEMPLES.

Féroce, *atroce*, *précoce*, etc. (Excepté grosse, fém. de gros.)

227. ...*osse*

Termine les autres mots.

EXEMPLES.

Brosse, *grosse*, *crosse*, *cosse*, *colosse*, etc.

228. ...*auche*

Termine les mots : *débauche*, *ébauche* (noms et verbes), *gauche*, et les verbes *fauche*, *chevauche*, *embauche*.

229. ...*oche*

Termine tous les autres mots.

EXEMPLES.

Poche, pioche, galoche, bamboche, brioche, cloche, etc.

230. ...*aude*

Termine 1° les adjectifs féminins.

EXEMPLES.

Badaude, chaude, nigaude, etc.

2° Les noms suivants : *baguenaude, fraude, chiquenaude, émeraude, maraude, reine-claude.*

231. ...*ode*

Termine tous les autres mots.

EXEMPLES.

Ode, épisode, commode, méthode, mode, antipode, etc.

232. ...*auge*

Termine les mots suivants : *auge, bauge, jauge, patauge, sauge.*

233. ...*oge*

Termine tous les autres mots.

EXEMPLES.

Loge, doge, éloge, horloge, etc.

234. ...*aule*

Termine les mots : *épaule, gaule* (bâton), *Gaule, miaule, saule.*

235. ...*ôle*

Les mots : *pôle, drôle, rôle, contrôle, geôle, môle, tôle.*

236. ...*olle*

Termine : *colle, bouterolle, folle, molle* (adj.).

237. ...*ole*

Termine tous les autres mots.

EXEMPLES.

Frivole, boussole, console, symbole, virole, coupole, etc.

238. ...*aume*

Termine les mots : *baume, chaume* (nom), *paume, royaume, psaume.*

239. ...*ôme*

Les mots : *dôme, axiôme, fantôme, idiôme, symptôme.*

240. ...omme

Termine : 1° les mots : *homme, comme, gomme, rogomme, somme.*

2° Les verbes en ...*gomme*, ...*nomme*, ...*somme.*

EXEMPLES.

Gomme, dégomme, nomme, surnomme, somme, assomme, etc.

241. ...*ome*

Tous les autres mots.

EXEMPLES.

Arome, atome, économe, tome, etc. Excepté les mots étrangers : rhum, pensum, Te Deum, etc.

242. ...*aupe*

Termine les mots : *gaupe, taupe.*

243. ... *oppe*

Les mots : *développe, enveloppe* (n. et v.), *choppe, échoppe.*

244. ... *ope*

Termine tous les autres mots.

EXEMPLES.

Philanthrope, syncope, télescope, varlope, horoscope, etc.

245. ... *aure*

Termine les mots : *centaure, maure* (ou more), *Laure* et le verbe *restaure.*

246. ... *orre*

Termine le verbe *abhorre.*

247. ... *ore*

Tous les autres mots.

EXEMPLES.

Aurore, météore, métaphore, store, encore, phosphore, etc. (Excepté ceux en *or,* comme trésor, etc. Voir page 50.)

248. ... *ause*

Termine les noms : *pause, clause, cause* (noms et verbe). Excepté close (adjectif).

249. ... *ose*

Termine tous les autres mots.

EXEMPLES.

Chose, rose, apothéose, prime-rose, pluviose, etc.

250. *...aute*

Termine les mots : *faute, aéronaute, argonaute, saute* (verbe), *haute* (adj.), *ressaute*.

251. *...ôte*

Termine *côte, hôte, maltôte, Pentecôte*.

252. *...otte*

Termine 1° les mots : *botte, hotte, motte, marmotte, gélinotte, menotte*.

2° Les mots féminins, soit noms, adjectifs ou verbes formés de mots plus courts.

EXEMPLES.

Sotte, vieillotte, bergerotte, balotte, emmaillotte, barbotte.

3° Après *l, m, r*.

Calotte, échalotte, griotte, fiévrotte, crotte, etc. Excepté *matelote*.

253. *...ote*

Termine tous les autres mots.

EXEMPLES.

Anecdote, compote, dévote, idiote, note, etc.

254. *...orce*

Termine les verbes.

EXEMPLES.

Force, écorce, divorce, et les noms dont ils sont formés.

255. *...orse*

Termine tous les autres mots.

EXEMPLES.

Torse, entorse, etc.

256. *...ois*

Termine 1° les mots : pois (légume), mois, trois, fois, anchois, abois, carquois, putois, autrefois, tapinois, bois, chamois, minois, grégeois, empois, patois. Excepté *foi* (croyance), *poids* (pour peser), *poix* (la), *foie* (le).

2° Les adjectifs dont le féminin est *oise*.

EXEMPLES.

Sournois, bourgeois, courtois, villageois, narquois, etc.

3° Les noms de peuples.

EXEMPLES.

Hongrois, *Liégeois*, *Bavarois*, *Danois*, *Champenois*, etc.

257. ...*oit*

Termine tous les mots masculins qui font entendre *t* dans leurs dérivations.

EXEMPLES.

Toit, *adroit*, *étroit*, *droit*, etc.

Et les mots : *endroit*, *détroit*, *doigt*, *surcroît*.

258. ...*oie*

Tous les mots féminins.

EXEMPLES.

Courroie, *oie*, *joie*, *lamproie*, *proie*, etc. Excepté *paroi*, *loi*, *croix*, *noix*, *voix* (bruit), *foi*.

259. ...*oi*

Termine tous les autres mots.

EXEMPLES.

Beffroi, *roi*, *convoi*, *effroi*, *octroi*, etc.

260. ...*us*

Termine 1° les mots : *intrus*, *talus*, *calus*, *abstrus*, *dessus*, *surplus*, *plus*, *pus*.

2° D'après la prononciation, les mots : *rébus*, *argus*, *bibus*, *blocus*, *chorus*, *motus*, *obus*, *angélus*, *omnibus*.

3° D'après la dérivation.

EXEMPLES.

Us, *abus*, *perclus*, *obtus*, *diffus*, *confus*, etc.

261. ...*uce*

Termine le mot *astuce* et ceux en ...*puce*.

...*usse*

Termine le mot *aumusse* et les verbes : (que je) *courusse*, (que tu) *parusses*, etc.

262. ...*ut*

Termine 1° les mots : *attribut*, *statut* (nom masculin), *institut*, *scorbut*, *substitut*, *préciput*. Excepté statue (nom féminin).

2° D'après la prononciation : *brut*, *lut*, *occiput*, *rut*, *sinciput*, *chut!* (mot inv.)

3° D'après la dérivation. Exemples :

Tribut, *salut*, *début*, etc.

Dériv. tributaire, salutaire, débuter, etc.

263. ...*ût*

Termine les mots : *fût*, *affût*.

264. ...*ue*

Termine tous les noms féminins.

EXEMPLES.

Avenue, *berlue*, *bévue*, *retenue*, *massue*, etc. Excepté *bru*, *glu*, *vertu*, *tribu*.

265. ...*u*

Termine 1° les adjectifs et les participes masculins qui ne font pas entendre de consonne finale au féminin.

EXEMPLES.

Dodu, *bienvenu*, *charnu*, *bu*, *vendu*, *aperçu*, *valu*, etc.

2° Les autres mots masculins.

EXEMPLES.

Tissu, *fétu*, *impromptu*, *malotru*, *goulu*, *insu*, *individu*, etc.

266. ...*ur*

Termine tous les mots masculins, soit noms, soit adjectifs.

EXEMPLES.

Mur (n.), *mûr* (adj.), *impur*, *azur*, *obscur*, *sur* (m. inv.), *sûr* (adj.), etc.

267. ...*ure*

Termine tous les mots féminins.

EXEMPLES.

Pure (adjectif), *bordure*, *nature*, *brûlure*, *aventure*, *enflure*, etc.

268. ...*eux*

Termine 1° les mots : *creux* (nom), *verveux* (filet), *deux*, *ceux*.

2° Les adjectifs dont le féminin fait ...*euse*.

EXEMPLES.

Affreux, *heureux*, *défectueux*, *vaniteux*, *vertueux*, *souffreteux*.

269. ... *œu*

Entre dans les mots : *sœur*, *mœurs*, *vœu*, *cœur*, *nœud*, *chœur*, *bœuf*, *œuf*.

270. ... *eu*

Termine 1° les adjectifs : *bleu*, *feu*.

2° Les autres noms.

EXEMPLES.

Aveu, *cheveu*, *Dieu*, *enjeu*, etc.

271. ... *euil*

Termine tous les mots masculins.

EXEMPLES.

Cerfeuil, *fauteuil*, *bouvreuil*, *seuil*, *accueil*, *recueil*, etc.

Excepté : *œil*, *chevrefeuille*, *portefeuille*.

272. ... *euille*

Termine le mot *feuille* et tous les verbes en ...*euillir*.

EXEMPLES.

J'accueille, je *recueille*, tu *cueilles*.

273. ... *eul*

Tous les mots masculins.

EXEMPLES.

Aïeul, *épagneul*, *filleul*, etc.

274. ... *eule*

Les mêmes mots au féminin : *aïeule*, *épagneule*, *filleule*, etc.

275. ... *eur*

Termine tous les mots soit masculins, soit féminins.

EXEMPLES.

Trompeur, *rougeur*, *acteur*, *honneur*, *leur* (pron.), etc. (Excepté *leurre* (n.), *beurre*, *heure*, *demeure*, *ailleurs*, *cœur*, *chœur*, *sœur*, *mœurs*.)

276. ... *ous*

Termine 1° les mots : *sous*, *dessous*, *nous*, *vous* (pron.), *entrevous* (mur).

2° Les participes qui font au féminin ...*oute*.

EXEMPLES.

Absout, *absoute*, *dissout*, *dissoute*, etc.

277. ... *oux*

Termine les mots : *houx*, *époux*, *doux*, *saindoux* (la) *toux*, *roux*, *courroux*.

278. ...oue

Termine 1° les noms féminins.

EXEMPLES.

Houe, joue, boue, moue, proue, roue, etc. Excepté *toux*.

2° Les verbes en ...*ouer*.

EXEMPLES.

Je *loue*, il *noue*, on *cloue*, etc.

279. ...ou

Les autres mots.

EXEMPLES.

Clou, amadou, acajou, chou, joujou, cou, etc. **Excepté** *coup, loup, beaucoup, août, pouls, group*.

280. ...ours

Termine 1° les mots : *toujours, velours, ours*, et tous les noms masculins en ...*cours*, (le) *cours, discours, recours*, etc.

281. ...our

Termine les autres mots.

EXEMPLES.

Cour (la), *amour, tambour, autour, calembour, atour*, etc.

Excepté : *Bourre, bravoure, mourre, pandoure, tire-bourre*.

282. ...uis

Termine les mots : *buis, huis* (porte), *puis, pertuis*, excepté *lui, muids, puits, minuit*.

283. ...uit

Termine les mots où l'on entend *t* dans la dérivation.

EXEMPLES.

Réduit, cuit, conduit, circuit, induit, nuit, etc.

III.

284. ...anc

Termine les mots qui dans la dérivation font entendre *c* ou *q*.

EXEMPLES.

Blanc, *franc*, *flanc*, *banc*, etc.
Dér. blanche, franche, flanquer, banquette, etc.
Excepté *élan*.
Dériv. élancer.

285. ... *and*

Termine le mot *quand*, et ceux où l'on entend *d* dans la dérivation.

EXEMPLES.

Allemand, *Normand*, *brigand*, *grand*, *chaland*, *Flamand*, *friand*, etc.
Dériv. Allemande, Normande, brigandage, grande, chalande, Flamande, friande, etc.

286. ... *ang*

Termine le mot *étang*, et quand la dérivation fait entendre *g*.

EXEMPLES.

Sang de sanguin, *rang* de ranger, etc., excepté *hareng*.

287. ... *amp*

Termine les mots *camp* et *champ*.

288. ... *ant*

Termine 1° d'après la dérivation et l'usage les mots suivants : *chant*, *méchant*, *touchant*, *adjudant*, *ascendant*, *transcendant*, *contendant*, *contondant*, *pédant*. *béant*, *bienséant*, *fainéant*, *mécréant*, *néant*, *éléphant*, *enfant*, *élégant*, *arrogant*, *fringant*. *gant*, *suffragant*, *insouciant*, *ambulant*, *pétulant*, *galant*, *plant*, *vigilant*, *nonchalant*, *malveillant*, *sémillant*, *attenant*, *avenant*, *lieutenant*, *maintenant*, *manant*, *moyennant*, *pimpant*, *clinquant*, *délinquant*, *quant* (à), *belligérant*, *garant*, (l') *aimant*, *amant*, *diamant*, *tant*, *autant*, *constant*, *instant*, *nonobstant*, *pourtant*, *avant*, *devant*, *auparavant*, *dorénavant*, *savant*.

2° Les verbes au participe présent.

EXEMPLES.

Parlant, *divisant*, *pleurant*, *nageant*, *mouillant*, *finissant*, *écrivant*, *recevant*, etc.

3° Les noms et les adjectifs qui sont formés des participes présents et dont on peut former des noms féminins en ... *ance*.

EXEMPLES.

Extravagant, dépendant, fabricant, important, etc., (Excepté: exigent, adhérent, influent, différent (adj.), différend (nom), président, révérend (nom).

289. *...ent*

Termine 1° les mots *cent, dent, vent, avent* (nom), *auvent, souvent, couvent*, et tous les mots en *...ment*. Excepté *amant, diamant, charmant, Normand, Allemand.*

2° Les mots non dérivés de verbes et dont on peut former des noms féminins en *...ence*.

EXEMPLES.

Négligent, diligent, divergent, excellent, influent, conséquent, etc.

290. *...an*

Termine tous les autres mots.

EXEMPLES.

Sultan, an, courtisan, bilan, cadran, roman, pan. **Excepté** *paon, Laon, faon, taon* (mouche).

291. *...ance*

Termine 1° les mots *inadvertance, circonstance, aisance, balance, bombance, chance, constance, condoléance, finance, jactance, lance, manigance, nuance, pitance, préséance, prestance, redondance, romance, substance, fiance.*

2° Les mots dérivés des mots en *...ant*.

EXEMPLES.

Ignorance, pétulance, abondance, insouciance, nonchalance, redevance, etc. (Voir les mots en *...ant*, page 60.)

292. *...ence*

Termine 1° les mots *audience, cadence, confiance, démence, faïence, science, existence, révérence, licence, occurrence, potence, semence, sentence, silence.*

2° Les mots féminins formés des mots en *... ent*.

EXEMPLES.

Clémence, intelligence, turbulence, influence, excellence, etc.

293. *...anse*

Termine les mots : *danse, anse, panse* (nom), *transe.*

...ense

Les autres mots.

EXEMPLES.

Dense (adj.), *dépense, dispense, immense, offense, récompense.*

294. *...ambre*

Termine les mots: *chambre, ambre, antichambre, Sambre* (rivière).

295. *...embre*

Termine tous les autres mots.

EXEMPLES.

Membre, décembre, novembre, gingembre, etc.

Remarque. Dans ces deux cas *m* remplace *n*, ce qui a toujours lieu devant *b, p, m*; excepté dans *embonpoint, bonbon, néanmoins.*

296. *...emble*

Termine tous les mots: *semble, ensemble*, etc. Excepté *amble* (d'un cheval).

297. *...ende*

Termine les mots : *amende, calendes, componende, dividende, légende, prébende, provende.*

298. *...ande*

Tous les autres mots.

EXEMPLES.

Commande, contrebande, lavande, bande, offrande, amande (fruit), etc.

299. *...ain*

Termine 1° les mots *bain, pain, demain, lendemain, airain, aubain, dédain, châtain, poulain, regain, refrain, fusain, sain, levain.* Excepté : *pin, sapin, supin* (terme de grammaire).

2° Ceux dont les dérivés font *aine.*

EXEMPLES.

Grain,	*sain,*	*train,*	*humain,*	*souterrain,*	*soudain,* etc.
Dér. graine,	saine,	traîne (v.),	humaine,	souterraine,	soudaine, etc.

3° Ceux dans la dérivation desquels entre *a.*

EXEMPLES.

Main, étain, gain, terrain, etc., dont les dérivés sont : manuel, étamer, gagner, terrasse.

300. ...*aim*

Termine les mots *daim*, *étaim* (laine), *essaim*, *faim*.

301. ...*ein*

Termine *chanfrein*, *frein*, *dessein*, *sein* (le), *rein*, *plein*, *serein* (adjectifs). **Excepté** *seing*, *cinq* (adj. de nomb.), *dessin*, *thym* (plante), *teint* (le), *vingt* (adj. de nomb.).

302. ...*aint*

Termine les adjectifs et les participes qui font au féminin ...*ainte*.

EXEMPLES.

Saint, *plaint*, *craint*, *maint*, *contraint*, etc. **Excepté** les participe des verbes en ...*eindre*, comme *peint*, *ceint*, *teint*, etc.

Remarque. Voici comment on distingue les verbes en ...*eindre* et ceux en ...*aindre*.

Lorsque la finale *indre* est précédée d'une seule consonne ou d'une double consonne, le verbe s'écrit ...*eindre*. Exemples : *peindre*, *feindre*, *ceindre*, *atteindre*, etc.

Lorsque cette finale est précédée de deux ou de plusieurs consonnes différentes, on écrit ...*aindre*. Exemples : *craindre*, *plaindre*, *contraindre*, etc. — **Excepté** *astreindre*, *enfreindre*, *étreindre*, *restreindre*, *empreindre*.

303. ...*in*

Termine tous les autres mots.

EXEMPLES.

Fin (nom et adj.), *gamin*, *jardin*, *lutrin*, etc. **Excepté** *zinc*.

...*in* précède aussi la dernière syllabe de tous les mots, lorsque celle-ci est muette.

EXEMPLES.

Épingle, *tringle*, *linge*, *singe*, *province*, *absinthe*, etc. Excepté les mots féminins en *ainte* et en *einte*.

304. ...*en* (prononcez *in*).

Termine les mots après *i* et *é*.

EXEMPLES.

Parisien, *rien*, *lien*, *européen*.

305. ...*onc*, ...*ond*, ...*ong*, ...*ont*.

Terminent 1° les mots : *donc*, *dont* (pron.), *faux-bond*, *fond*, *plafond*, *gond*, *fonds*, *pont*, *front*.

2° D'après la dérivation : *jonc*, *blond*, *long*, *oblong*, *affront*, etc.

Dérivés : joncher, blonde, longue, oblongue, affronter, etc.

306. ...*on*

Tous les autres mots.

EXEMPLES.

Leçon, *façon*, *bâton*, *intention*, etc.

307. ...*ssion*

Termine 1° le mot *scission*.

2° Ceux en ...*ession*, ...*mission*, ...*cussion*.

EXEMPLES.

Accession, *impression*, *permission*, *rémission*, *discussion*, *répercussion*, etc.

Excepté *sujétion*, *exécution*, *locution*, et ses composés.

308. ...*sion*

Termine les mots après *l*, *n*, *r*.

EXEMPLES.

Convulsion, *expansion*, *appréhension*, *aspersion*, *version*, *répulsion*, etc. — **Excepté** *mention*, *intention*, *détention*, *attention*, et les autres en ...*tention*; *assertion*, *désertion*.

309. ...*xion*

Termine les mots après : *le*, *lu*, *ne*.

EXEMPLES.

Réflexion, *fluxion*, *annexion*, *inflexion*, *luxion*, *connexion*, etc.

Excepté *prédilection*, *élection*.

310. ...*tion*

Termine tous les autres mots.

EXEMPLES.

Réduction, *nation*, *définition*, *érection*, *rédaction*, etc.

Excepté *passion*, *compassion*.

311. ...*onse*

Termine le mot *réponse*. Excepté *raiponce* (plante).

312. ...*onche*

Termine les mots : *jonche*, *bronche*. **Excepté** *punch* (boisson).

313. ...*onte*

Termine tous les mots.

EXEMPLES.

Fonte, *conte* (historiette ou fable), *honte*, etc. **Excepté** *comte*, *vicomte* (titres), *compte* (calcul), et leurs composés.

314. ...*um*

Termine, d'après la dérivation, le mot *parfum*, et les mots tirés des langues étrangères : *rhum*, *pensum*, *Te Deum*, etc.

315. ...*umb*

Le mot *rumb* (prononcez rombe).

316. ...*oing*

Termine les mots : *oing* (graine), *poing*, *coing* (fruit).

317. ...*oint*

Termine 1° le mot *joint* (nom), et ses composés, et tous ceux en ...*point*, *embonpoint*, etc.

2° Les participes des verbes en *oindre* et qui font leur féminin en *ointe*.

EXEMPLES.

Joint, *adjoint*, *oint*, etc.

318. ...*oin*

Termine tous les autres mots.

EXEMPLES.

Foin, *groin*, *soin*, *loin*, *témoin*, etc. **Excepté** *moins*, *néanmoins*.

319. ...*ouin*

Termine : *babouin*, *baragouin*, *marsouin*, *tintouin*, et ceux dont le féminin fait ...*ouine*, *bédouin*, etc.

320. ...*aigne*

Termine 1° le mot *châtaigne*, 2° les verbes en *aigner* et en *aindre* (ne pas confondre avec les verbes en *eindre*. Voir la remarque, page 63.)

EXEMPLES.

Je *saigne*, il se *baigne*, (que) je *craigne*, ils se *plaignent*, etc. **Excepté** *peigner* (avec un peigne), *régner*, *imprégner*.

321. ...*eigne*

Termine 1° les verbes en *eindre*.

EXEMPLES.

(Que) je *ceigne*, (que) tu *peignes*, qu'il *peigne*, etc.

2° Les mots : *enseigne*, *empeigne* (de soulier).

322. ...*ègne*

Les mots : *règne*, *interrègne*, *duègne*, etc.

IV.

CONSONNES REDOUBLÉES DANS LES SYLLABES FINALES.

323. ...*ff*...

F se double à la fin des mots : *greffe*, de ceux en *effle*, *iffe*, *uffle*, *iffre*, *chauffe*, *offre*, *uffe*, *ouffe*, *oufflé*, *ouffre* et *étoffe*.

EXEMPLES.

Treffle, *chiffe*, *siffle*, *chiffre*, *coffre*, *offre*, *truffe*, *buffet*, *souffle*, *bouffe*, *étouffe*, *souffre* (verbe), etc.

Excepté : *nèfle*, *brife*, *calife*, *hiéroglyphe*, *logogriphe*, *triglyphe*, *pontife*, *fifre*, *goufre*, *soufre* (nom).

324. ...*ll*...

L se double 1° dans les mots : *galle* (noix de), *dalle*, *balle*, *hâlle* (fém.), *salle* (n.), *intervalle*, *malle* (fém.).

Excepté *mâle* (masc.), *hâle* (masc.), *sale* (adj.).

2° Dans tous les mots en ...*elle*.

EXEMPLES.

Rebelle, *nouvelle*, *querelle*, etc. (V. page 47).

Excepté *fidèle*, *modèle*, *grèle*, *érysipèle*, *parallèle*, *zèle*, *aile*.

3° Dans les mots : *mille*, *pupille*, *vaudeville*, *ville* (nom), *idylle*, *sibylle*, *tranquille*. Excepté *vile* (adj.).

4° Dans les mots féminins où il se prononce mouillé.

EXEMPLES.

Oreille, *merveille*, *maille*, *médaille*, *feuille*, etc., et dans les verbes en ...*iller*, ...*eiller*, ...*euillir*, ...*ailler* : je *brille*, tu *veilles*, il *cueille*, on *travaille*, etc.

4° Dans les mots : *folle*, *molle* (adj. fémin.), *colle*.

Excepté (le) *môle*.

325. ...*mm*...

M se double 1° dans : *gamme*, *gramme*, *flamme*, *femme*, *épigramme*, *monogramme*, *programme* et *dilemme*.

2° Dans les mots : *homme*, *gomme*, *rogomme*, *pomme*, *sommé*, et les verbes en : *gomme*, *nomme*, *somme*. (Voir page 54.)

Excepté *heaume*, *paume*, *baume*, *embaume*.

326. ...*nn*...

N se double 1° dans les mots : *canne*, *banne*, *panne*, *manne*, *paysanne*, *Anne*, *Suzanne*, *dame-jeanne*.

2° Dans : *antenne*, *antienne*, *étrenne*, *garenne*, *renne* ; dans les adjectifs féminins en ...*ienne* et en ...*enne* : *Parisienne*, *Egyptienne*, *Indienne*, *Européenne*, etc., et dans les verbes : qu'il *vienne*, *obtienne*, *abstienne*. Excepté ceux en ...*iéner*, *aliène*.

3° Dans les mots : *consonne*, *couronne*, *bonne*, *nonne*, *tonne* (n. et v.).

4° Les verbes formés de mots plus courts.

EXEMPLES.

Donner, *raisonner*, *sonner*, etc.
de don, raison, son, etc.

327. ...*pp*...

P se double dans les mots : *grappe*, *happe*, *nappe*, *frappe*, *chappe*, *échappe*, *jappe*. **Excepté** *chape* (d'église).

2° Dans *grippe*, *agrippe*.

3° Dans *échoppe*, *développe*, *enveloppe*.

4° Dans *houppe* et *huppe*.

328. ...*rr*...

R se double 1° dans *arrhes*.

2° Dans tous les mots en *marre*, *tintamarre*, *simarre*, etc., et dans *bagarre*, *bécarre*, *barre*, *bizarre*.

Excepté *mare* (d'eau).

3° Dans les mots : *verre*, *guerre* (la), *pierre*, *cimeterre*, *terre*, *parterre*, *tonnerre*, *lierre*, *équerre*, *serre* (n. et v.), *ferre* (ferrer), *erre* (v.). Excepté *guère*.

4° Dans *abhorre*.

5° Dans *beurre*, *leurre* (n. et v.), *bourre*, *fourre*, *mourre*.

329. ...*ss*.

S se double dans les mots en *asse*, *aisse*, *esse*, *isse*, *usse*.

330. ...*tt*...

T se double 1° dans les mots : *datte*, *latte*, *batte*, *jatte*, *natte*, *matte*, *patte*, *flatte*, *gratte*, *dénatte*. Excepté *date*, *bâte*, *mâte* (verbes) et *pâte*.

2° Dans les noms et les verbes : *iette*, *uette*, ...*grette*, ...*ouette*. (Voir page 46.)

V.

REDOUBLEMENT DES CONSONNES DANS LE CORPS DES MOTS.

331. ...*bb*...

B se double dans les mots : *abbé*, *labbe* (oiseau), *rabbin*, *sabbat*, et leurs dérivés.

332. ...*cc*..., ...*cq*...

C se double 1° dans les mots qui commencent par *acc*... et *sacc*...

EXEMPLES.

Accabler, *accommoder*, *saccage*, etc.

Excepté *acolyte*, *acajou*, *acoustique*, *axe*, *axinomantie*, *axiome*, *axonge*, *sacoche*, *sacome*, et ceux qui commencent par *sacr*..., *sacrement*, *sacrifice*, *sacre*, etc.)

2° Dans les mots qui commencent par *occ*...

EXEMPLES.

Occuper, *occasion*, *occiput*, *occurrent*, etc.

Excepté dans les mots techniques : *oxigène*, *oxalique*, *oxigone*, *oximel*, etc.

CQ entre 1° dans les mots : *acquisition*, *acquit*, *acquêt*, et les verbes dont ils sont formés.

333. ...*dd*...

D se double dans les mots : *addition*, *reddition*, *adduction*. **Excepté** *adition* (t. de jurisp.).

334. ...ff...

F se double dans les mots qui commencent par *aff...*, *effe...*, *biff...*, *diff...*, *siffl...*, *off...*, *coff...*, *chauff...*, *buff...*, *suff...*, *bouff...*, *souff...*, et le mot *gaffe* (terme de marine), (perche).

EXEMPLES.

Affaire, *effet*, *effort*, *biffage*, *différent*, *sifflet*, *offense*, *coffre*, *coffin*, *chauffage*, *buffet*, *suffire*, *bouffi*, *soufflet*. Excepté *afin*, *afistole*, *africain*, *éfaufiler*.

2° Après *grif...*, *griffe*, *griffon*, etc.

335. ...gg...

G se double dans *aggraver*, *agglomère*, *suggérer*, *aggrédir* (vieux), *agglutiner*, et les mots qui en sont formés.

336. ...ll...

L se double entre deux voyelles.

EXEMPLES.

Allemand, *balloter*, *falloir*, *ellebore*, *parallèle*, *illégitime*, *belligérant*, etc.

Excepté *alimenter*, *valoir*, *alène*, *aliéner*, *aliter*, *alouette*, *île*, *ilot*, *vile* (adjectif), *colombe*, *colère*, *colibri*, *colifichet*, *colon*, *colonne*, *colonel*, *colorer*, et ceux où *l* est précédé de *ou*, *couloir*, *vouloir*, *rouleau*, etc.

337. ...mm...

M se double 1° dans les mots : *grammaire*, *gramme*, *gamme*, *mammelle*, et dérivés.

Remarque. *Mammelle* a quelquefois été écrit par un seul *m*; j'ai cru devoir adopter de préférence deux *m*, à cause des différents dérivés qui s'écrivent tous par *mm*.

2° Au commencement des mots quand on prononce *en*...*m* : Emmancher, emmener, etc.

3° Dans les mots invariables formés d'adjectifs en *ant* et *ent* par le changement de cette syllabe en *amment* et en *emment* : *élégamment*, *précédemment*, etc.

4° Dans les mots qui commencent par *imm...*

EXEMPLES.

Immortel, *immobile*, *imminent*, etc. **Excepté** *image*, *imaginer*, *iman*, *imaret*, *imiter*.

5° Dans le mot : *dommage* et ses composés, et tous ceux qui commencent par *comm...*

EXEMPLES.

Commode, communauté, commandement, commettre, commission.

Excepté *comédie, comice, comité, coma* (maladie), *comète, comestible, comitive.*

338. ...*nn*...

N se double 1° dans les mots formés de *an, année*, et qui y sont relatifs.

EXEMPLES.

Annales, anniversaire, etc.

2° Dans *anneau, annoncer, annuler* et leurs dérivés; ceux qui commencent par *cann... canne, cannage, cannelier, cannibale*, etc.

Excepté *canard, cane* (femelle), *canari, canicule, caniche, canif, canot, canon, canevas, canepin.*

3° Dans les mots où, après la prononciation de *en*, on entend *n*.

EXEMPLES.

Ennui, ennoblir, ennéandrie (t. d'histoire natur.), etc.

Excepté *enorgueillir, condamner, condamnation.*

4° D'après la prononciation, le mot *ennemi*, et les verbes en ...*enir*, (que) je *tienne*, qu'il *obtienne*, etc. Excepté ceux en ...*ener* qui font *ène* : *amène*, etc.

5° Dans les mots *innascible, inné, innocence, innover, innombrable, innavigable.*

6° Dans les mots *bonnet, honneur, monnaie*; et tous ceux qui commencent par *conn...* : *connaissance, connexion*, etc.

Excepté *cône* et ses dérivés.

7° Tous les verbes en *onner*. Excepté *occasioner.*

8° Les mots dérivés de mots plus courts terminés en *n*.

EXEMPLES.

Commissionnaire, raisonnement, etc. Excepté *national.*

339. ...*pp*...

P se double au commencement des mots, après *a, i*, entre deux *a, o, a...r, o...r* et après *su...*

EXEMPLES.

Appeler, hippocras, hippodrome (ces derniers s'écrivent aussi par *y*, mais alors il n'y entre qu'un *p*), *appli-*

quer, *lippée*, *apparition*, *apprécier*, *opprobre*, *opprimer*, *supplique*, etc.

Excepté *apercevoir*, *apathie*, *apédeutisme*, *apert*, *apéritif*, *apétiser*; et les mots apo : *apocalypse*, *apocriphe*, *apôtre*, *apostiller*, *apostrophe*, *aposter*, *apanage*, *apaiser*, *apinel*, *apitoyer*, *aplanir*, *âpreté*, *hypocrite*, *hypothèque*; et ceux qui commencent par *super* : *superfin*, *superlatif*, *suprême* et dérivés.

340. ...*rr*...

R se double 1° dans les mots : *arrhes*, *catarrhe*, *diarrodon*, *diarrhée*, *errhin*, *hémorragie*; et tous les noms représentant des maladies de sang ; de même que dans les autres noms de maladies en ...*orrhée* et leurs dérivés.

2° A la seconde syllabe entre deux voyelles, quand la première est brève.

EXEMPLES.

Arranger, *barrer*, *carrer*, *errer*, *erroné*, *narration*, *marri* (adj.), *verrat*, *verrou*, *terreur*, *torrent*, *perruque*, *perruche*, *perron*, *perroquet*, *corrompu*, *pourrir*, *nourrir*, *courroie*, *courroux*, *larron*, *leurrer*.

3° Au futur et au présent (conditionnel) des verbes *envoyer*, *voir*, *pouvoir*, *courir*, ...*quérir*.

EXEMPLES.

J'*enverrai*, tu *verras*, il *pourra*, nous *courrions*, vous *acquerriez*, ils *requerraient*, etc.

Excepté *arabe*, *are*, *arène*, *arête* (de poisson), *ariette*, *haridelle*, *arome* et ses dérivés, *aruspice*, *iris*, *ironie*, *irascible*, *ire* (adj.), *iracande*, *irian*, *oraison*, *caravane*, *caractère*, *corail*, *coriace*, *corolle*, *corollaire*, *coriandre*, *courage*, *couronne*, *clairière*, *féroce*, *garantie*, *gorèt*, *goureur*, *hareng*, *harangue*, *haro*, *horaire*, *hure*, *jérémiade*, *mari*, *mariage*, *rareté*, *raréfier*, *tarir*, *parallèle*, et dans quelques autres où la voyelle qui précède est longue.

341. ...*ss*...

S se double entre deux voyelles quand l'articulation en est forte.

EXEMPLES.

Vaisseau, *aisselle*, *essentiel*, *assis*, *assiette*.

Excepté (voir *sc*, page 78.)

342. ...tt...

T se double 1° au commencement entre deux voyelles.

EXEMPLES.

Attacher, *attester*, *battement*, *frottement*, *pittoresque*, etc.

2° Entre une voyelle et un *r*.

EXEMPLES.

Attribuer, *attraction*, *attrister*, *battre*, *attraper*, *pittoresque*, etc. **Excepté** lorsque la première voyelle est longue ou aiguë.

Atrocité, *atrabilaire*, *étrange*, *étonnement*, *étaler*, etc.

Les autres consonnes ne se doublent jamais.

VI.

343. Nous avons dit, chap. I, de l'orthographe des mots, que les mots se terminent d'après la formation, la dérivation, la prononciation ou l'usage. Il en est de même pour l'orthographe dans le corps des mots.

Un mot formé soit par la contraction de plusieurs mots, soit par la dérivation d'un mot plus court, conserve l'orthographe de celui ou de ceux dont il est formé.

Ainsi l'on écrit *baignoire*, *fainéant*, *rainure*, *raifort*, *sortir*, *fréquenter*, *commencer*, *avancer*, etc., et non bégnoire, fénaiant, rénure, réfort, saurtir, fréquauter, commanter, avéncer.

344. Voici quelles sont les raisons de cette orthographe.

Baignoire dérive de *bain*, *baigner* (voir page 65.)

Fainéant est un mot contracté de *faire* et *néant*, signifiant *rien*.

Rainure dérive du mot *raie*, auquel on a ajouté la syllabe *ure* par raison de changement de signification; la lettre *n* n'est ici que par euphonie.

Raifort est un mot contracté de *radi* dont on a supprimé *d* par raison d'euphonie, et auquel on a ajouté le mot *fort*.

Sortir peut être regardé comme formé par la contraction des trois mots suivants : *se hors tirer* dont on a retranché les lettres *e*, *h*, *s*, *er*.

Fréquenter s'écrit ainsi étant dérivé de l'adjectif fréquent. (Voir les mots en *ent* et en *ant*, page 61.)

Commenter du mot comment. (Voir les mots en *ent*.)
Avancer de avant (voir même page).

345. Mais comme dans la langue française il entre une foule de mots provenant des langues étrangères, toutes les difficultés de l'orthographe ne peuvent pas être aplanies de cette manière. Nous allons tâcher de les faire disparaître en suivant la marche que nous avons adoptée dans les chapitres précédents.

346. ...*ai*...

...**ai**... entre dans les mots *raiponce* (plante), *raifort*, *fainéant*, *rainoire*, *rainure*, *airain*, *aisance*, *aisselle*, *aisselte* (petite hache), *vaisseau*, *vaisselle*, *blaireau*.

347. ...*au*...

...**au**... entre 1° dans les mots *aucun*, *aubépine*, *aumône*, *auprès*, *aumusse*, *aurore*, *aulique*, *auparavant*, *autour*, *auxiliaire*, *auctuaire*, *caulédon*, *caulifère*, *austère*, *automne*, *auréole*, *aurifique*, *auzomètre*, *baudrier*, *caustique*, *cautère*, *caulicole*, *caution*, *Cauchois*, *cauchemar*, *causer*, *cauteleux*, *faucon*, *faussaire*, *fauve*, *faucher*, *faufiler*, *faucile*, *gauche*, *gaufrer*, *gaule*, *miaulement*, *laurier*, *lauréat*, *mauve*, *naufrage*, *nautonnier*, *nausée*, *saumon*, *vautour*, *holocauste*.

2° Quand la syllabe est suivie de *b*, *d*, *g*, *t*, *v*.

EXEMPLES.

Aubaine, *auberge*, *taudis*, *patauger*, *maugréer*, *augmenter*, *autographie*, *autel*, *auteur*, *autorité*, *sauvage*, *saveur*, etc.

Excepté *obéir*, *obéissant*, *obérer*, *obélisque*, *ode*, *odeur*, *odieux*, *odalisque*, *ogive*, *ognon*, *ogre*, *gobelet*, *gober*, *goberger*, *cobalt*, *otage*, *otalgie*, *ôter*, *potage*, *botanique*, *hôte*, *hôtel* (maison), *ovation*, *innover*, *oviste*, *ovipare*, et tout mot commençant par *ovi*...

348. ...*aie*..., ...*eie*..., ...*ue*..., ...*oue*..., ...*oie*...

Ces syllabes entrent dans les mots en ...*ment*, dérivés de verbes ou d'adjectifs : *paiement*, *gaiement*, *grasseiement*, *dénuement*, *dévouement*, *dénouement*, *tournoiement*, etc., et dans *gaieté*.

349. ...*am*..., ...*an*...

am remplace **an** devant *b*, *p*, *m*. Ces syllabes entrent dans les mots *ambe*, *jambe*, *ambic*, *ambesas*, *ambiant*, *ambi, ambassade, ambition, ambigine, ambidextre, ambre, ambroisie, ambulant, ambon, amble, ammoniac, ammoniaque, ampasteler, amphibie, amphibologie, alambic*, et tout mot commençant par *amphi*..., signifiant double ou autour : *amphithéâtre*; *angle*, *sangle*, *anceps*, *ancêtres*, *ancre*, *anche*, *hanche*, *manche*, *dimanche*, *branche*, *ange*, *frange*, *chant*, *gant*, *banque*, *nantir*, *anchois*, *ancien*, *anciles*, *ancillaire*, *anticiper*, *ancolie* (plante), *antre*, *panse* (ventre), *bande*.

am entre dans les mots invariables formés d'adjectifs en *ant*, par le changement de cette syllabe en *amment*.

EXEMPLES.

Élégamment, *étonnamment*, *suffisamment*, etc.,
de élégant, étonnant, suffisant, etc.

350. ...*em*..., ...*en*...

em remplace **en** devant *b*, *p*, *m*. Ces syllabes se mettent au commencement et dans le corps des autres mots :

Embarras, *embrasser*, *embraser*, *emphase*, *emmener*, *empaqueter*, *endurer*, *entortiller*, *engendrer*, *endos*, *enchantement*, *ventre*, *ensemble*, *lenteur*, *lentille*, *mental*, *mensuel*, *vendange*.

...**en**... entre dans tous les verbes en ...*endre*.

EXEMPLES.

Vendre, *prendre*, *prétendre*, *apprendre*, *fendre*, *descendre*, etc.

Excepté dans les verbes *épandre* et *répandre*.

Et dans les verbes en ... *er* et ... *ir*.

EXEMPLES.

Entrer, *repentir*, *penser*, *encenser*, *fréquenter*, *fomenter*, *fermenter*, *récompenser*, *mentir*, etc.

Excepté *chanter*, *hanter*, *danser*, *lancer*, *bander*, *panser*, *franchir*, *étancher*, *transiger* ; tous ceux qui commencent par *trans*... : *transcrire*, *transporter*, etc. ; *trancher*, *épancher*, *emmancher*, *manger*, *ranger*, *balancer*, *achalander*, *mander*, *commander*, *gourmander*, *marchander*, *manquer*, *flanquer*, *vendanger*, *vidanger*, *étrangler*, *haranguer*, *rancir*, *planter*, et quelques autres.

351. ...*im*..., ...*in*...

...**im**..., ...**in**... Cette syllabe commence tous les mots.

EXEMPLES.

Imbu, imbiber, impassibilité, incendie, individu, intrus, etc.

Excepté *ainsi.*

en a le son de *in* après *é* et *i* : *Européen, Chaldéen, Parisien, tien, tiens, sien, mien, viens*, etc.

382. ...*p*...

p entre dans quelques mots sans qu'on en entende la prononciation.

Ces mots sont : *dompter, prompt, promptitude, exempt, exemption, rédemption.*

...*y*...

y, entre deux voyelles, a la valeur de deux *i*; alors il entre dans les mots quand l'*i* est prononcé fortement.

EXEMPLES.

Payable, pitoyable, ennuyeux, rayer, broyer, grasseyer, etc. ; et dans le mot *pays.*

Il a le son de *y* simple au commencement des mots et après une consonne. Alors il entre dans les mots *yacht, mystère, style, symétrie, système, tyran, Pyrénées, cylindre, cyclope, cygne* (oiseau), *cynisme, idylle, encyclopédie, syllabe, sycomore, syllogisme, syllepse, gypse, gymnase, sylphide, symbole, symphonie, sympathie, synagogue, syntaxe, synthèse, synchronisme, syncope, type, clystère, crypte, cyprès, dynastie, dyssenterie, érysipèle, étymologie, hymen, hymne, nymphe, lynx, sphynx, martyr, hiéroglyphe, myrte, myrrhe, panégyrique, zéphyr, porphyre, hypocrite, hypothèque*, et quelques autres. **Excepté** *filtre* (pour clarifier).

Dans ceux qui commencent par *phys...* : *physique, physionomie*, etc. ; et *poly...*, signifiant plusieurs : *polytechnique, polygamie.*

Dans ceux qui se terminent en ...**onyme** : *synonyme, homonyme, anonyme, pseudonyme*, etc.

VII.

H muet et *H* aspiré.

353. **h** est muet quand il n'ajoute rien à la prononciation. Il commence les mots :

Habit, *habiter*, *habituer*, *habitude*, *habile* et dérivés, *haleine*, *hameçon*, *harmonie*, *halurgie*, *hébéter*, *hebdomadaire*, *hébraïque*, *hébreu*, *hécatombe*, *hecto*, *hélas*, *hélicites*, *Hélicon*, *hélio*..., *hellénisme*, *hémi*.... (signifiant demi), *hémisphère*, *hémistiche*, *hématite*, *hémorrhagie*, et tous ceux qui commencent par *hémo*..., relatif au sang; *heptaheptagone* et tous ceux qui commencent par *hep*..., signifiant sept; *herbe* et dérivés, *héraldique*, *hériter*, et tous ceux qui commencent par *hér*...

(**Excepté** *érable*, *éradicatif*, *érafler*, *éraillure*, *éraillé*, *ériger*, *éreinter*, *érysipèle*, *ergoter*, *errer*, *erroné*, *ériger*, *érudit*.)

Hétéroclite, *hétérodoxe*, *heure*, *heureux*, *hexagone*, et tous ceux qui commencent par *hexa*..., signifiant six; *hiatus*, *hier*, *hiéroglyphe*, *hilarité*, *hippodrome*, *hypocrisie*, et tous ceux qui commencent par *hyp*... ou *hipp*... (excepté *ipécu*, *ipécacuana*).

Hirondelle, *histoire*, *histrion*, *hiver*, *holocauste*, *hombre* (jeu), *hommage*, *homme*, *homonyme*, *honnête*, *honorer*, *honneur*, *hôpital*, *hospice*, *horaire*, *horizon*, *horloge*, *horoscope*, *horreur*, *horrible*, *hostile*, *hôte*, *hôtel*, *huile*, *huître*, *humain* et dérivés; *humble* et dérivés; *humide*, *humeur*, *hymen*, *hymne*, *hydre*.

Il entre dans le corps des mots suivants: *bahut*, *cahier*, *cahot*, *cahin-caha*, *cahute*, *cohue*, *cohorte*, *trahir*, *trahison*, *appréhension*, *souhait*, *adhérer*, *adhésion*, *forhus*, *exhiber*, *prohiber*, *annihiler*, *exhorter*, *rehausser*, *exhausser*, *exhumer*, *inhumer*, *rhétorique*, *rhéteur*, *rhinocéros*, *rhombe*, *rhume*, *rhum* (liqueur), *rhumatisme*, *arrhes*, *catarrhe*, *diarrhée*, et dans les noms de maladies relatives au sang, après les syllabes ...*morrh*... et ...*norrh*...

354. **h** aspiré commence les mots devant lesquels on peut placer, sans supprimer la dernière voyelle, les mots : *le*, *la*, *de*, *je*, *me*, *te*, *se*, etc.

EXEMPLES.

Hauteur, halle, héros, hallebarde, hasard, hérisson, homard, haricot, hurler, je heurte, etc.

Excepté le onze, le onzième, la ouate.

VIII.

SONS ET ARTICULATIONS ÉQUIVOQUES.

333. ...*c*...

...**c**... se met 1° au commencement des mots :

Ce, cet, cesse, ces, celle, celui, ceux, cécité, céder, cédille, cédule, ceindre, cintrer, célèbre, céler, céleri, céleste, ciel, célibat, cellier, cellule, cément, ciment, cendre, cène, cénobite, cens, censure, cent, centre, cep (de vigne), *céph..., cérat, cerbère, cercle, cercueil, cérémonie, céréales, cerf, cérébral, cervelle, cerise, cerneau, cerner, cerre* (la calotte du gland), *certain, certes, certificat, cervier, certain, ciboire, ciboule, cicatrice, cicéro, Cid, cidre, cierge, cigale, ciguë, cygne* (oiseau), *cil* (nom), *ciller, cymbales, cimeterre, cimetière, cimolie, cinolier, cinéfier, cingler, cinq* et dérivés, *cintre, cippe, cyprès, cire, circoncire, circons..., circuit, circuler, ciron, cisalpin, ciseau, cistophore, cité, citer, citérieur, citerne, citron, civet, civil, civière, cyclope, encyclopédie, cyprès, cynique, cystique*.

2° Dans le corps des mots *concert, coïncidence, inceste, appréciation, abcès*.

3° Dans les verbes en ...*cevoir*, ...*céder*, ...*cider*, ...*cier* :

Concevoir, apercevoir, procéder, coïncider, apprécier, etc., et leurs dérivés.

Excepté *obséder*.

4° Devant *a, o, u*, ou une consonne, quand il se prononce comme *k*, soit au commencement, soit dans le corps des mots.

EXEMPLES.

Calorifère, explication, coquelicot, cupidité, répercuter, fabrication.

Excepté 1° dans les mots suivants : *attaquable, remarquable, quart, quatre, quasi, qualité, qualifier, quai, quart, quand, quantité, quolibet, quotidien*, et leurs dérivés.

2° Dans les verbes dont l'infinitif est en ...*quer* et en ...*cre* : il *manqua*, tu *fabriquas*, nous *vainquons*, ils *convainquirent*, etc.

356. ...*qu*...

...**qu**... s'emploie 1° au commencement et dans le corps des mots devant *e*, *i*, *y*.

EXEMPLES.

Que, *quel*, *qui*, *querelle*, *requis*, *bouquin*, *boutiquier*, *qu'y*, etc.

Excepté *kermès*, *kilo*, *kiastre*, *kiosque*, *kinancie*, *kyrielle*, *kyste*, *kirsché*.

2° Dans les mots en ...*quaire*, dérivés de mots en ...*que* : *antiquaire*, *reliquaire*, de *antique*, *relique*.

Excepté *bibliothécaire*, *hypothécaire*, de *bibliothèque*, *hypothèque*.

357. ...*cq*...

...**cq**... s'emploie dans les mots *acquérir*, *acquêter*, *acquiescer*, *acquitter* et dérivés ; et *socque* dans l'adjectif féminin *grecque*.

358. ...*ç*...

1° **ç** dans le corps des mots devant *a*, *o*, *u*, et dans les verbes dont l'infinitif est en ...*cer* ou en ...*cevoir* et leurs dérivés ; *ineffaçable*, *provençal*, *rinçure*. Je *lançai*, tu *commenças*, nous *perçons* ; il *reçut*, etc.

2° Dans les mots *maçon*, *façon*, *leçon*, *suçoter*, *rançon*, *poinçon*, *tronçon*, *arçon*, *caparaçon*.

359. ...*sc*...

...**sc**... se met au commencement et dans le corps des mots *science*, *ascendance*, *convalescence*, *concupiscence*, *transcendant*, *sceller*, *sceau*, *scène*, *obscène*, *sceptre*, *sceptique*, *acquiescer*, *scier*, *scission*, *scinder*, *scintiller*, *sciatique*, *sciographie*, *scioptique*, *disceptation*, *discernement*, *disciple*, *discipline*, *susceptible*, *susciter*, *lascif*.

360. ...*ti*... (prononcez ...*ci*...)

...**ti**... entre 1° dans les mots dérivés de mots plus courts, qui ont un *t* à la fin : *partiel*, *quolibétier*, etc.

2° Dans les suivants : *partialité*, *péripétie*, *inertie*, *insatiable*, *nuptial*, *pénultième*, *rationnel*, *abbatial*, *plénipotentiaire*, *propitiation*, *aristocratie*, *démocratie*.

3° Dans les mots en ...*tiel*, formés de mots en ...*ance* ou ...*ence*.

EXEMPLES.

Substantiel, providentiel, essentiel, confidentiel, etc.
De substance, Providence, essence, confidence, etc.

361. ...*exc*...

...**exc**... se met au commencement des mots *excéder, exceller, excellent, excentrique, excepter, excès, excessif, exciper, excise, excision, exciter*.

Tous les autres mots commençant par la syllabe *ex* s'écrivent sans *c*.

362. ...*g*... ...*j*...

...**g**... se met au commencement et dans le corps des mots, devant *e, i, y* : *générosité, genou, giron, gypse, gymnase*, etc.

Excepté dans *je, jeu, jeune, à jeun*, et les verbes en *jeter*, leurs dérivés, et dans *interjection*.

...**j**... se met au commencement et dans le corps des mots, devant *a, o, u, ou*.

EXEMPLES.

Jaser, jalousie, joli, enjôler, conjurer, préjugé, jujube, jouer, etc.

Excepté *engeance, engeancer, geôle, flageolet, pigeon, sauvageon, plongeon, badigeon, gageûre*.

...*m*...

Nous avons déjà dit, page 73, que *m* remplace *n* devant *b, p, m* : *trembler, ambassade, importance, emmancher*, etc.

Excepté dans *bonbon, embonpoint, bonbonnière, néanmoins*.

363. **ch** s'emploie au lieu de *c* dans les mots :

Eucharistie, archange, archaïsme, archiépiscopal, archonte, chrêmeau, chrême (le saint), *chrétien, christianisme, chromatique, chronique, chronologie, synchronisme, chrys...* : *chrysocolle, chrysalide, anachorète, anachronisme, technique*, et quelques autres tirés des langues étrangères.

364. ...*ph*...

...**ph**... s'emploie au commencement et dans le corps

des mots *phil...*, *phys...* : *physiologie, physique, philanthropie, philosophie, philtre* (breuvage).

(**Excepté** *filer, filon, filtre* (pour clarifier), *fisc, fistule.*)

Phaéton, phagédénique, phalange, Phalaris, phalarope (oiseau), *phalène, pharaon* (jeu), *phare, pharisien, pharmacie, pharynx, phase, phrase, Phébus, phénique, phénix, phénomène, phénicure, phlegme, phthisie, phystère, phosphore, phosphure; sylphe, nymphe, éphémère, anthropophage, ophthalmie, prophète, nénuphar, méphitique, coryphée, Epiphanie, hiéroglyphe, syphon, phoque, sphynx, éphod, métaphore, métamorphose*, et les mots en *...aphe: épitaphe, paragraphe, orthographe, calligraphe* et dérivés, etc.

Excepté *carafe, girafe, agrafe, gaffe.*

368. *...th...*

th entre dans un grand nombre de mots, dont les plus usités sont : *thé, théâtre, athée, thème, thèse, théo..., thym* (plante), *thyrse, méthode, arithmétique, théorie, théorème, thermal, thermomètre, thermidor, thésauriser, thériaque, orthographe, orthopédie, apothicaire, anathème, mathématiques, épithalame, épithète*, etc.

APPENDICE.

366. Mots dont la prononciation est la même, mais qui s'écrivent différemment, et présentent pour cela quelques difficultés aux commençants.

est (verbe) lorsqu'on peut le faire précéder des pronoms *il, elle, on*, et qu'on peut le remplacer par un autre temps du même verbe. *Mon père est malade; quelqu'un est entré chez vous.*

ait (verbe). Pour le distinguer du verbe *est*, on lui donne un sujet d'une autre personne. *Il est malade; je ne pense pas que quelqu'un ait cru sa maladie dangereuse.* Nous *sommes malades*, etc.; je ne pense pas que vous *ayez cru*, etc.

aient est le pluriel de *ait*.

et (mot invariable) ne subit aucun des changements ci-dessus.

a (verbe) s'écrit sans accent quand on peut le remplacer par un autre temps de même verbe. *Il a de la fortune, mais il n'a point d'amis.* On peut dire il *aura* ou *avait* de la fortune, mais il n'*aura* ou n'*avait* point d'amis.

à (mot invariable) s'écrit avec un accent quand il ne peut être remplacé par avait ni aura. *A l'œuvre on connaît l'ouvrier.*

ce (adj.), placé devant un nom que l'on peut faire suivre du mot *ci* ou *là*. *Ce jardin; ce roi; ce cheval.* Ce jardin-ci; ce cheval-ci; *ce roi-là*, etc.

(Pronom), quand il est placé devant un verbe ou un autre pronom. Alors il peut être remplacé par *il, cela*, ou *la chose*. *C'*est malheureux; *ce sera mauvais; ce qui est arrivé*, etc. *On peut dire: Il est malheureux; cela est mauvais; la chose qui est arrivée.*

se (pronom) est toujours placé devant un verbe. On le distingue du pronom *ce*, en ce qu'il ne peut être remplacé par *il, cela, la chose*, et qu'on peut le supprimer sans dénaturer le sens de la phrase : *Il (se) flatte; ils (se) perdent.*

c'est, quand il peut être remplacé par cela est : *C'est fini; c'est fait.* On peut dire : *cela est fini; cela est fait.*

s'est, quand on ne peut le remplacer par cela est, ou que l'*s* peut être supprimé : il (*s*)'*est* blessé; elle (*s*)'est *flattée*, etc.

s'en (deux pronoms) s'écrit ainsi lorsqu'on peut le remplacer par le nom *se*. Il *s'en* flatte. Elles *s'en* réjouissent.

c'en (deux pronoms) s'écrit ainsi quand on peut le remplacer par *cela en*, ou *il en*, *c'en* est assez. *C'en* est fait de lui. *Cela en* est assez. *Il en* est fait, etc.

cent (adjectif de nombre) signifie dix fois dix. Une compagnie de *cent* hommes. Il prend la marque du pluriel quand il est multiplié par un autre nombre, *quatre cents* chevaux, six cents soldats. Il reste toujours invariable quand il est suivi d'un autre adjectif de nombre. Six *cent* vingt. Quinze *cent* quatre-vingts.

Vingt suit la même règle que cent.

cens (nom) signifie *redevance*, *impôt* : le cens *électoral*.

sens (nom) s'écrit ainsi : 1° quand il désigne les organes par lesquels nous sentons. L'homme a cinq *sens* ; 2° quand il signifie *intelligence, conception, discernement*. Un être dépourvu de bon *sens* ; 3° quand il indique la situation ou le côté d'un corps. Placez cet objet dans ce *sens*. 4° Lorsqu'il est employé pour signification. Comprenez-vous le *sens* de ce mot?

sang (nom), quand on peut en former sanglant ou sanguin. Il a versé son *sang* pour la patrie.

sans (mot invariable) marque le manque. *Sans* amis, *sans* argent, *sans* fortune.

sont (verbe), quand il peut être remplacé par un autre temps du même verbe. Ils *sont* au nombre de vingt. Ce *sont* les ennemis des grands.

son (adjectif ou nom), quand il ne peut être remplacé par *seront* ou *étions*. *Son* ami, *son* chien. Le *son* de la trompette. Le *son* est l'enveloppe du grain séparée de la farine.

mon (adj.), quand il fait au pluriel *mes*. Mon chapeau, mon ami.

m'ont, quand il peut être remplacé par *m'auront* ou *m'avaient*. Mes ennemis *m'ont* trahi, *m'ont* trompé.

mont (nom), quand on peut en former *monter*, *montagne*. L'arche s'arrêta au mont Ararat.

ton (adj. et nom), quand il fait au pluriel *tes*, ou quand il indique ou le bruit ou le mode : *ton* frère. Ne le prenez pas sur ce *ton*.

t'ont, quand on peut le remplacer par *t'auront* ou *t'avaient*. Tes amis *t'ont* trahi, *t'ont* trompé.

thon, nom d'un poisson. Le *thon* est un poisson de la Méditerranée.

mes (adj.), pluriel de *mon*, *ma*. *Mes* amis, mes sœurs.

mais (mot invariable), *mais* délivrez-nous du mal.

mets (nom), quand on peut le faire précéder de *le*, *un*. Un *mets* délicat.

on (pronom), toujours sujet d'un verbe au singulier. *On* arriva à la grotte.

ont (verbe), quand on peut le remplacer par *auront* ou *avaient*.

l'on (pronom), même mot que *on*.

long (adjectif), quand au féminin il fait *longue*. Un *long* trajet.

leur s'écrit sans *s* devant un nom singulier et devant un verbe. *Leur* haine est implacable. Je le *leur* ai dit.

leurs (adj.) prend la marque du pluriel devant un nom pluriel. *Leurs* amis seront les nôtres.

qu'elle, prend une apostrophe après *qu*, quand on peut le remplacer par les mots masculins *qu'il* ou *que lui*. Je ne crois pas *qu'elle* vienne. Je suis plus grand *qu'elle*. On peut dire au masculin, je ne crois pas *qu'il* vienne. Je suis plus grand *que lui*.

quelle (adj.), féminin de *quel*. Il ne peut être remplacé par *qu'il* ni par *que lui*. *Quelle* fille ! *Quelle* est cette dame ?

quelque (adj.) prend la marque du pluriel quand il se rapporte à un nom pluriel. *Quelque* indulgence que vous ayez pour eux. Vous réussirez après *quelques* efforts. Il reste invariable devant un adjectif ou un participe ; alors il signifie *tout*. *Quelque* utile que soient ces livres. *Quelque* favorisés que vous soyez.

quel que s'écrit en deux mots quand il est placé devant un verbe ; alors *quel* adjectif, s'accorde avec le sujet du verbe. *Quel que* soit votre projet. *Quelles que* puissent être vos intentions. Cette action, *quelle qu'elle* soit, etc.

tout, signifiant *entièrement* ou *tout à fait*, est un mot invariable. Ils étaient *tout* étonnés, *tout* surpris. Placé devant un adjectif féminin commençant par une consonne, il prend un *e* à la fin ; mais jamais un *s*. *Toute* belles que sont ces fleurs.

mil, au lieu de *mille* pour marquer la date des années.

Mil huit cent quarante-cinq. *Mille* ne prend jamais la marque du pluriel, à moins qu'il ne désigne une mesure de chemins ; alors c'est un nom féminin.

n'y s'écrit ainsi lorsqu'on peut retrancher une des deux lettres. Je *n'y* vois personne. On peut retrancher l'*y* et dire : je *ne* vois personne ; ou bien l'*n*, et dire : j'y vois, etc.

ni (mot invariable) s'écrit ainsi lorsque aucune des deux lettres ne peut être retranchée. *Ni* l'or *ni* l'argent ne nous rendent heureux.

nid (nom), quand on peut mettre *le* ou *un* devant. Un *nid* de fauvettes.

ou (mot inv.), quand il peut être remplacé par *ou bien*. Vous *ou* votre frère.

où (mot inv.), quand il ne peut être remplacé par *ou bien*. Où êtes-vous ?

plutôt (mot inv.), signifiant de préférence. *Plutôt* mourir.

plus tôt (deux mots inv.), opposé de *plus tard*. Le *plus tôt* que vous pourrez.

peut-être (mot invar.), s'écrit en deux mots unis par un trait d'union (-), quand le premier de ces deux mots ne peut être remplacé par *pourra* ou *pouvait*. Il viendra *peut-être*.

peut être, en deux mots sans trait d'union quand à la place de *peut* on peut mettre *pourra* ou *pouvait*. Il peut être arrivé maintenant. (Il *pourra* être arrivé.)

parce que, signifiant puisque s'écrit en deux mots. C'est *parce que* l'or est rare qu'on a inventé la dorure.

par ce que, s'écrit en trois mots quand il signifie par *la chose que*. *Par ce qu'*on vous a démontré.

quoique (mot invar.) signifie encore que, bien que. *Quoique* nous l'ayons vu.

quoi que, s'écrit en deux mots quand il est mis pour *quelque chose que*. *Quoi qu'*en disent les savants.

s'y, s'écrit ainsi lorsqu'une des deux lettres peut être supprimée. Il *s'y* jette.

si (mot inv.) dans tout autre cas. *Si* grand. *Si* vous voulez, etc.

quant (mot inv.) se termine par *t* quand il est suivi

de *à*, et qui signifie *à l'égard*, *pour*, etc. *Quant* à moi, *quant* à cela, etc.

quand (mot inv.) se termine par un *d* quand il signifie lorsque, ou à quel moment. *Quand* on vous y invite. *Quand* voudrez-vous? etc.

camp (nom), lorsqu'on peut en former *camper*, campagne.

qu'en, pour que en, s'écrit ainsi lorsqu'on peut retrancher l'articulation *qu* ou le mot *en*. J'ai vu *qu'en* nous quittant, une larme brilla dans ses yeux.

fond (nom), quand on peut en former le mot *fonder* ou *fondement*. On n'en voit jamais le *fond*.

fonds (nom), signifiant fortune, bien, argent, établissement. Mangeant son *fonds* avec son revenu, etc.

différent (adj.), quand il fait au féminin *différente*, ou quand on peut en former le nom féminin différence. Cela est bien *différent*.

différend (nom), signifiant discussion, dispute, querelle. C'est ainsi que se vida le *différend*.

différant (participe présent), du verbe différer. En *différant* toujours.

don (nom), de donner, et signifiant présent, cadeau. Faire un don.

dont (pronom), pour duquel, de laquelle, desquels, de quoi. L'homme *dont* je parle. Ce *dont* il s'agit.

donc (mot invariable) dans tous les autres cas. Allez *donc*, etc.

ô (mot invar.) se trouve toujours immédiatement avant un nom ou pronom. O déesse ! ô mortel généreux. O vous, qui que vous soyez ! etc.

oh (mot inv.) se met devant les membres de phrases entières. Oh ! que ne puis-je lui prouver ma reconnaissance!

SIGNES ORTHOGRAPHIQUES.

Accents.

367. Il y a trois sortes d'accents : l'accent aigu (´), l'accent grave (`) et l'accent circonflexe (^).

L'accent aigu se met 1° sur les *é* fermés, c'est-à-dire qui se prononcent comme dans le mot *bonté*.

EXEMPLES.

Vérité, café, canapé, parlé, prés, clé, etc.

Excepté dans les syllabes finales *er, ez*. (Voir les finales page 42.)

2° Sur l'*é* final des verbes à la première personne, quand le pronom sujet est placé après le verbe : *aimé*-je, *dussé*-je, *travaillé*-je, etc.

3° Sur l'*é* qui précède la finale *ge* dans les mots en *ége*.

EXEMPLES.

Piége, collége, sacrilége, je *protége*, etc. Excepté *neige*.

368. L'accent grave se met 1° sur *à*, mot invariable, *là*, *voilà*, *où* pour le distinguer de *ou, ou bien*.

Celui qui met un frein *à* la fureur des flots.
L'égalité est au cimetière, mais elle n'est que *là*.
Voilà trois médecins qui ne se trompent pas.
Où la vertu finit, *là* commence le vice.

2° Sur la syllabe finale *ès*. (Voir page 45.)

3° Sur l'*e* qui précède les finales muettes.

EXEMPLES.

Bipède, je cède, dépèce, révèle, préfère, amène, etc.

369. L'accent circonflexe se met sur les voyelles longues 1° dans les mots : *âge, bâiller, côte, épître, fâcheux, lâche, tâche, gâter, gâteau, château, bâtir*, etc. Dans les mots *même, blême, extrême*. (Voir la finale ème, page 48.) *Pôle, rôle, môle, dôme, fantôme, zône, Rhône*. Sur la voyelle qui précède *t* à la 3° personne du singulier du second *imparfait* de tous les verbes. Qu'il *parlât*, qu'il *finît*, qu'il *reçût*, qu'il *rendît*, etc.

3° Sur la voyelle qui précède la finale muette, à la première personne et à la seconde du pluriel du *passé défini*.

Nous *parlâmes*, vous *finîtes*, nous *reçûmes*, vous *vendîtes*.

4° Sur la voyelle qui précède le *t* dans les mots terminés par *être, aître, âtre, oître, ôtre*.

Prêtre, être, paraître, naître, plâtre, théâtre, cloître, croître, le, la, notre, vôtre, etc.

Sur l'*i* qui précède le *t* à la 3° personne du singulier

au présent de l'indicatif des verbes en *aître* et *oître* : il *connaît*, il *croît*.

5° Sur l'avant-dernière voyelle dans les mots : *arête*, *bêche*, *bêler*, *bête*, *chêne*, *faîne*, *conquête*, *enquête*, *crêpe*, *crête*, *dépêche*, *évêque*, *tête*, *pêle*, *gêne*, *grêle*, *honnête*, *mêler*, *pêche*, *pêcher* (verbe), *pêle-mêle*, *prêcher*, *quête*, *rênes*, *revêche*, *rêve*, *vêpres*, *vêtir*. — *Abîme*, *aîné*, *traîner*, *dîner*, *épître*, *faîte*, *fraîche*, *gaîté*, *gîte*, *île*. — *Apôtre*, *clôture*, *dépôt*, *hôpital*, *hôtel*, *hôte*, *ôter*, *rôder*, *rôtir*. — *Août*, *coûter*, *goûter*, *jeûner*, *flûte*, *voûte*, *gageûre*, *joûte*, *piqûre*. (Les autres mots se trouve dans la 2e partie de cet ouvrage, de l'orthographe des mots.)

APOSTROPHE.

370. L'apostrophe est un petit signe que l'on met à la place d'une lettre retranchée.

Les lettres qui se retranche sont : *a*, *e*, *i*. Ces lettres se retranchent dans les mots *le*, *la*, *je*, *me*, *te*, *de*, *se*, *ne*, *que*, *si*, quand le mot suivant commence par une voyelle ou un *e* muet.

Les vertus *se* perdent dans *l'*intérêt, comme les fleurs se perdent dans la mer.

*L'*envie est détruite par la véritable amitié, et la coquetterie *l'*est par le véritable amour. *J'*habite la campagne.

Pour mieux supporter *l'*ennui de la captivité et de la solitude, je cherchai des livres, car *j'*étais accablé, etc.

Les bons se retirent, parce *qu'*ils ne sont ni empressés ni flatteurs; les bons attendent *qu'*on les cherche, etc.

Il les recevait avec bonté parce *qu'*il croyait qu'on apprenait toujours quelque chose d'utile, en *s'*instruisant des mœurs et des maximes des peuples éloignés.

Il est perdu *s'*il ne repousse la flatterie et *s'*il n'aime ceux qui disent hardiment la vérité.

171. On supprime encore l'apostrophe 1° dans *entre* et *presque* quand ces mots sont placés devant un autre commençant par une voyelle et avec lequel il forme un seul mot : *entr'acte*, *entr'ouvrir*, *s'entr'aider*, *presqu'île*, etc.; 2° dans *lorsque*, *puisque*, *quoique*, devant *il*, *elle*, *ils*, *elles*, *on*, *un*, *une* : *lorsqu'il* viendra; *puisqu'*elle sort; *quoiqu'*on dise ; 3° dans *quelque*, devant *un*, *une*, *autre* : *quelqu'un*, *quelqu'une*, *quelqu'autre* ; 4° dans *grande* de-

vant quelques noms féminins commençant par une consonne : *grand'mère*, *grand'messe*, *grand'route*, etc. ; 5° dans aujourd'hui.

TRÉMA.

372. Le tréma (¨) se place sur une voyelle qui se prononce séparément : *naïf*, *Saül*, *aiguë*, *ambiguë*, *haïr*, *laïque*, etc.

TRAIT D'UNION.

373. Le trait d'union (-) se place 1° entre les mots *ci*, *là*, *même*, et le nom ou pronom qui les précède : cet homme-*ci*, ces maisons-*là*, moi-*même*, vous-*mêmes*, etc ; 2° entre le verbe et le pronom quand celui-ci qui, dans la construction régulière est toujours placé le premier, se trouve après le verbe : *aimé-je*, *viens-tu*, *donnez-le*, etc.

Remarque. On met un *t* euphonique devant les pronoms *il*, *elle*, *on*, quand ils sont placés après un verbe finissant par une voyelle : *parle-t-il*, *a-t-elle*, *aimera-t-on?* Alors le *t* euphonique se met entre deux traits d'union.

374. On met encore le trait d'union entre les différents mots qui forment un nom composé : *chef-d'œuvre*, *arc-en-ciel*, *porte-clef*, etc.

On met encore un trait d'union entre deux adjectifs de nombre dont le dernier exprime des unités : *dix-sept*, *trente-cinq*, *vingt-deux*, etc. Dans *quatre-vingts*, *soixante-dix* et composés.

FIN.

Paris.—Imprimerie Dondey-Dupré, rue Saint-Louis, 46, au Marais.

www.ingramcontent.com/pod-product-compliance
Lightning Source LLC
LaVergne TN
LVHW020419230826
846091LV00004B/1330

* 9 7 8 2 0 1 3 5 6 0 7 0 2 *